스펄전의 우울증

© 2014 by Zack Eswine

Originally published in English as Spurgeon's Sorrows
by Christian Focus Publications, Fearn, Scotland, UK

This Korean translation edition © 2025 by Seum Books, Seoul, Republic of Korea

This Korean edition is published by arrangement
of Christian Focus Publications through rMaeng2, Seoul, Republic of Korea.
All rights reserved.

이 한국어판의 저작권은 알맹2를 통하여 저작권사와 독점 계약한 세움북스에 있습니다.
저작권법에 의하여 한국 내에서 보호받는 저작물이므로 무단 전재와 무단 복제를 금합니다.

스펄전의 우울증
: 우울증으로 고통받는 이들을 위한 스펄전의 실제적 권면

초판 1쇄 인쇄 2025년 11월 25일
초판 1쇄 발행 2025년 11월 30일

지은이 | 잭 에스와인
옮긴이 | 김안식

펴낸이 | 강인구
펴낸곳 | 세움북스
등 록 | 제2014-000144호
주 소 | 서울시 종로구 대학로 19 한국기독교회관 1010호
전 화 | 02-3144-3500
이메일 | holy-77@daum.net

교 정 | 류성민
디자인 | 참디자인

ISBN 979-11-93996-65-2 (03230)

* 이 책은 신저작권법에 의하여 국내에서 보호를 받는 저작물입니다.
  출판사의 협의 없는 무단 전재와 무단 복제를 엄격히 금합니다.
* 책 값은 뒤표지에 있습니다.
* 잘못된 책은 교환하여 드립니다.

SPURGEON'S SORROWS

스펄전의
우울증

우울증으로 고통받는 이들을 위한 스펄전의 실제적 권면

잭 에스와인 지음 · 김안식 옮김

세움북스

추천사

　　　　　　　　　　　　◆

　영웅, 타협하지 않는 '진리의 선봉장(Mr. Valiant-for-truth)', 자기 유익을 구하지 않는 인물, 이슈를 몰고 다니는 논쟁가, 한결같은 설교자, 웃음을 선사하는 익살꾼, 마르지 않는 샘물처럼 끊임없이 교훈적 문학 작품을 쏟아내는 사람. 이런 평을 받고 있는 찰스 스펄전에게 정신적·영적 고통과 우울증에 시달렸던 인물이라는 프로필을 조화시키기란 참으로 어려운 일입니다. 하지만 생애 초기부터 말년에 이르는 스펄전의 전체 인생사 속에는 마음의 언저리 위를 맴돌다가 이따금 그의 존재 자체를 향해서 갑작스럽게 공격하기도 하는 어두운 고난이 늘 도사리고 있었습니다. 그는 하나님의 은혜로 자신과 다른 사람들을 위해서 그 모든 고난을 감당해 낼 수 있었습니다. 그것을 어떻게 감댕해 냈는지가 바로 잭 에스와인(Zack Eswine) 목사가 쓴 이 책의 흥미진진한 내용과 매혹적인 문체를 이끌어 가는 힘이라 할 수 있겠습니다.

　이 책은 스펄전이 이 주제와 관련하여 남긴 설교 문헌들을 포괄적이고 깊이 있게 다루고 있습니다. 그러므로 기만적인 어두움의 손아귀에서 탈출하려 하면서 엄혹한 시절을 보내고 있는 사람, 그런 사람을 이해하며 돕고자 하는 사람, 기만적인 어두움의 손아귀를 벗어날 수 없을 만큼 누군가로 인해 인생이 바뀌어 버린 상실의 고통을 겪고 있는 사람들은 이 책을 통해 큰 유익을 얻을 것입니다.

| 톰 J. 네틀스(Tom J. Nettles)
| 남부 침례교 신학교 역사신학 교수

◆

스펄전처럼, 설교가요 목회자로서의 고통에 익숙한 잭 에스와인은 19세기 스펄전의 설교와 그가 겪은 우울증 경험에 천착하였습니다. 그리하여 삶의 온갖 고난과 상실에 취약한 우리와 다를 바 없는 사람이 하나님의 선하심과 악의 현존, 심신·정서의 연약성 등에 관하여 가없이 큰 질문과 씨름하는 모습을 보여 주었습니다. 이 풍부하고도 시적인 보화 속에서 많은 격려와 위로와 실제적 도움을 발견할 수 있을 것입니다.

| 리처드 윈터(Richard Winter)
| *When Life Goes Dark*의 저자, 커버넌트 신학교 상담학 부장

◆

잭 에스와인은 학자의 지성과 시인의 감성을 겸비한 목회자입니다. 찰스 스펄전 목사가 우울증과 벌인 투쟁에서 모아들인 지혜는 신학적으로 매우 깊이가 있는 동시에 목회적으로도 명쾌합니다. 주변에 우울증이나 이와 관련한 목회 사역, 혹은 하나님에 관하여 궁금해하는 사람이 있다면 누구에게라도 이 책을 추천하십시오.

| 제이슨 바이어시(Jason Byassee)
| *Discerning the Body*의 저자, 분 연합 감리교회 수석 목사

◆

인생의 강물은 종종 낙심의 수렁을 따라 흘러갑니다. 찰스 스펄전은 이 사실을 잘 알고 있었습니다. 또한 우울증이 무엇인지도 알았고, 생명의 근원이신 하나님도 알고 있었습니다. 이 범상치 않고 참신하며 실용적인 책을 저술한 잭 에스와인 목사도 마찬가지입니다. 이 책은 스펄전 목사의 경험에 대한 재해석이요 묵상입니다. 저자 에스와인 목사는 스펄전에게서 이 우울증이라는 경험이 본질적으로 인간의 자연스러운 경험이라는 것에 끊임없이 주목합니다. 오늘날 우울증은 "사물(a thing)"로 재해석되어 단순한 의학적 진단으로 대상화됨으로써, 인간성의 문제에서 벗어나 버렸다는 것을 너무도 흔하게 확인할 수 있습니다. 이 책은 환원주의적 해석이나 마법과 같은 해답 없이 우리가 진일보할 수 있는 좋은 방법이 무엇인지를 보여 줍니다. 이 책을 읽고 마음에 새겨 보십시오.

| 데이빗 폴리슨(David Powlison)
| CCEF 경영 디렉터, 성경적 상담 저널 편집장

◆

저는 오랫동안 스펄전을 재능 있는 경건한 설교자로만 알고 있었습니다. 대부분의 설교자들이 그렇듯이 '나는 스펄전처럼 설교할 능력이 없어'라고 생각했지요. 그러나 이 책을 읽고 나서, 스펄전 목사가 우울증을 앓았다는 사실, 즉 수많은 사람의 수준을 한껏 드높였지만 정작 그자신은 절망에 빠져 정서적으로 깊이 침체되기도 했었다는 사실을 알게 되었습니다.

저는 이렇게 말할 수 있습니다. "저도 그와 같이, 상처를 입을 수 있습니다." 한 위대한 인물도 지극히 인간적이었으며, '우리와 같은 성정을 가진 사람'이라는 사실이 얼마나 큰 위안이 되었는지 모릅니다. 그의 설교를 통해 전해진 은혜가 그의 영혼 또한 고양시켰습니다. 그 엄청난 은혜를 상기하는 것만으로도 참으로 큰 위안이 됩니다.

| 리튼 포드(Leighton Ford)
| 레이튼 포드 미니스트리 대표

◆

'영혼의 어두운 밤'에 직면한 당사자라면(혹은 그런 상황에 처한 누군가를 돕는 이라면), 이 책이 당신의 고개를 들어 별, 즉 천상을 뚫고 비추는 그 빛을 바라볼 수 있도록 도와줄 것이며, 당신은 새벽이 분명코 오고야 만다는 사실에서 연유하는 거센 소망을 품게 될 것입니다. 시적이며 감동적이면서도 상투적이지 않고 미광에 빛나는 보화 같은 이 한 권의 책이, 말 그대로 여러분의 생명 혹은 사랑하는 이의 생명을 구할지도 모릅니다.

| 켄 시게마츠(Ken Shigematsu)
| 베스트셀러 *God in My Everything*의 저자, 텐스 교회 수석 목사

◆

해답을 재촉하는 시대에 스펄전은 이생의 저편에서 진심 어린 이해와 위안이 담긴 말을 건넵니다. 우울증의 고통을 아는 사람들은 책 여기저기에서 영혼을 정상화하고 희망을 주는 위로를 발견하고, 우리 또한 예수님 안에서 이미 이 길을 걸어왔고 어떻게 위로해야 하는지를 아는 사람을 만나게 됩니다.

사람들 곁에서 돕는 자로 있는 사람들은 이 책을 통해 자신들이 하나님께서 자기 백성에게 보여 주신 바로 그 은혜와 온유함을 베풀기 위해 부름받았음을 깨닫게 됩니다. 하나님께서 고난당하는 우리를 긍휼히 여기시는 것처럼, 우리도 참된 긍휼이 어떤 모습인지를 보여 주어야 한다는 것입니다. 이 책의 저자는 누구나 흔히 경험하는 문제에 대한 보기 드문 통찰력을 제공해 줍니다. 이 책에는 풍성한 복이 담겨 있습니다.

| 마가렛 레이놀즈(Margaret Reynlods)
Grace Counselling & Conciliation Services의 상담사이자 공동 창립자

◆

잭 에스와인 목사가 아름답게 공들여 만든 이 책은 영혼을 위한 '시'라고 할 수 있습니다. 스펄전 목사가 가진 우울증에 대한 지식과 자신의 지식을 함께 엮어 낸 에스와인 목사는 지쳐 있는 이들의 정직한 싸움에 필요한 언어를 제공합니다. 그는 다정한 모습으로 우울증 때문에 고통받는 이들과 그들 곁에 머물고 있는 이들을 초청하여 그들에게 참된 것을 불어 넣어 주기 위해, 은혜로 충만한 도움과 진정한 소망을 제공합니다. 참으로 훌륭하기 이를 데 없는 책입니다.

| 패티 홀리(Patti Hawley)
공인 전문 상담사, 커버넌트 신학대학원 겸임 교수

◆

이 책에서 여러분은 스펄전 목사가 흘리는 눈물을 음미해 볼 수 있을 것입니다. 우울증은 교회 안에서 사람들이 제대로 이해하지 못하는 질병으로서, '침묵의 암살자'라 할 수 있습니다. 만약 저처럼 여러분이 사

람들을 쇠약하게 만드는 이 질병에 굴복해 왔다면, 스펄전의 내적 혼란을 온화하고 시적으로 드러내 보인 잭 에스와인 목사의 이 책이 진정 '영혼의 진정제' 역할을 해 줄 것입니다.

 이 책으로 질병이 치료되지 않을 수 있습니다. 하지만 우리와 똑같이 어두운 길을 비틀거리며 걸었던 한 사람의 투쟁기를 읽노라면, 건강한 연민의 정이 생기는 것을 느낄 것이고, 어찌하든 절망의 골짜기 속에서 하나님을 발견하게 될 것입니다. 그리고 우울증과 싸우지는 않더라도 우울증과 쟁투하는 이를 사랑할 수 있도록 도울 것입니다!

| 제러미 맥쿼이드(Jeremy McQuoid)
| 스코틀랜드, 디사이드 크리스천 펠로우십 교육 목사

◆

이 책은 잭 에스와인 목사의 펜 끝에서 나온 독특하고 시의적절한 책입니다. 신자와 모든 기독교 세계를 휩쓸며 영향을 끼치고 있어 더 이상 무시할 수 없는 이 주제에 관하여, 찰스 스펄전이 자신의 저작에서 언급한 내용을 선별했습니다. 우울증은 그저 연속적으로 운수 나쁜 나날이 이어지는 것 이상의 문제이며, 위대한 빅토리아 시대의 설교자가 경험했던 것처럼 그리스도의 이름과 능력을 강력히 이야기하는 사람들의 마음을 세게 휘어잡고 있는 것과도 같습니다.

 개인적으로든 가족과 친구들 사이에서든 이 도전을 경험하는 모든 이들에게 필요한 소망이 스펄전을 통해 잘 설명되고 있으며, 다음과 같이 요약할 수 있겠습니다. "그는 어둠 속에서 예수님을 발견했고, 그의 경험은 우리가 겪는 어둠에 비추는 빛으로 사용된다." 이 책을, 읽을 만한 가치가 있는 책으로서 추천합니다. 특별히 목회자와 상담가들, 절망에 빠져 고통스러워하는 이들에게 추천합니다.

| **페이지 패터슨(Paige Patterson)**
사우스웨스턴 침례신학대학 총장

◆

잭 에스와인 목사야말로 우울증에 관한 책을 저술하기에 누구보다 적합합니다. 그가 흘린 눈물로 저 또한 스스럼없이 눈물 흘릴 수 있었고, 그가 겪은 마음의 고통에 대한 이야기를 들으면서 제 마음의 고통 속으로 깊이 들어갈 수 있었습니다. 그러므로 이 책은 스펄전 목사가 우울증과 투쟁하며 쇠약해지곤 했다는 내용을 단순히 에스와인 목사가 연대기적으로 기록한 책이 아닙니다. 그는 우리가 겪는 슬픔에 대한 이해력을 쉽게 높일 수 있도록 은혜 충만한 경사로를 하나 놓아 주었습니다. 또한 하나님께서 우리 삶 속에서 마음의 고통을 당하는 친구들을 만나게 하실 때, 우리가 그들을 돌보는 데 필요한 놀라운 실제적 지침을 제공해 주고 있습니다. 당장 이 책을 사서 우울증과 씨름하는 사람들과 그들을 돌보는 사람들에게 전해 주고 싶습니다.

| **스카티 워드 스미스(Scotty Ward Smith)**
웨스트엔드 커뮤니티 교회 상주 교사

◆

찰스 스펄전은 오랫동안 우울증을 안고 살았습니다. 때문에 누구보다 우울증을 겪는 사람들을 깊이 공감합니다. 우울증을 죄라고 여기는 사람들, 그로 인해 하나님께 버림받았다고 여기는 이들에게 "구원은 그리스도께서 이루시는 것이지, 우울증과는 아무 상관이 없다"라고 분명히 말합니다. 우울증을 겪는 이들에게 스펄전만큼 따뜻한 목회자는 지금까지도 없었고, 앞으로도 없을 것입니다.

　지금 우울증을 겪고 있다면, 스펄전의 조언과 권면이 다시금 숨을 쉴 수 있도록 도와줄 것입니다. 우리 교회에 우울한 지체가 있다면 이 책을 읽어 보십시오. 우울증을 앓는 사람과 교제하는 법을 하나님의 방식으로 다시 배울 수 있습니다. 이 책이 나와 우리를 살릴 것입니다.

| 서진교
| 목사, 작은예수선교회 대표, 다니엘기도회 강사, 『작은 자의 하나님』 저자

대학 시절 스펄전의 설교에 매료되어 역서와 원서를 막론하며 읽었습니다. 그러다 결국 스펄전에 대한 논문까지 쓰게 되면서, 그의 목회적 좌절, 마음의 근심, 가슴앓이 등이 담긴 생생한 목회 현장의 글들을 접하며 목회를 어렴풋이 배우게 되었습니다.

　목회는 참으로 쉽지 않습니다. 사람을 돌보는 일이기 때문에 그렇습니다. 그는 목회를 "영원한 가슴앓이"라고까지 말했습니다. 더구나 현존하는 목회자들치고 '우울증' 증세를 겪지 않고서 목회를 하는 분들이 과연 몇이나 될까요?

　이번에 세움북스에서 나온 귀한 이 책이 성도들과 목회자들에게 시대를 넘어 인간 내면에 있는 깊은 슬픔의 실체를 드러내고 하나님의 주권과 그리스도의 사랑에 기초한 명징한 해답을 줄 수 있으리라 확신합니다.

| 송태근
| 삼일교회 담임 목사

◆

이 책을 읽으면서 가장 놀라웠던 순간은, 위대한 설교자 스펄전도 깊은 어둠 속에서 헤맸다는 사실을 알게 되었을 때였습니다. 누군가의 삶이 그렇게 크게 빛나 보여도, 그 안에는 우리와 같은 고통과 두려움이 살아 숨 쉬고 있었던 것입니다. 잭 에스와인이 펼쳐낸 스펄전의 이야기를 따라가면서, 저는 나 혼자만 힘든 게 아니라는 사실의 작은 위로를 받았습니다.

이 책이 우리에게 주려는 것은 치료약이 아닙니다. 누군가 나와 같은 길을 걸어갔다는 것, 그리고 그 속에서도 하나님을 만날 수 있다는 것을 알려 줍니다. 스펄전은 칼뱅주의 목회자로서, 슬픔과 우울을 개혁신학적 관점으로 잘 풀어내고 있습니다. 일독을 권합니다.

| 임경근
다우리교회 담임 목사, 『교리와 함께하는 365 가정예배』 저자

◆

20대 시절, 『칼빈주의 5대 교리 설교』라는 책을 통해서 만난 스펄전은 열정적인 5-point(칼빈주의 5대 교리 전체를 믿는) 칼빈주의자였습니다. 또한 30대 시절, 『스펄전의 시편 강해』(*The Treasury of David*)를 비롯한 여러 설교집을 통해 만난 스펄전은 최고의 설교자, 성경 어느 본문 설교를 참고해도 최상급의 설교 자료를 얻을 수 있는 탁월한 정보 제공자였습니다. 인생의 하프타임을 지나는 이 시점에서, 본서를 통해 바라본 그는 그저 그리스도의 은혜가 너무나도 필요한 한 사람이었습니다.

그렇게 본서를 통해서 우리는 탁월한 목회자이자 교회사 최고의 설교가 스펄전이 아닌 인간 스펄전을 만날 수 있습니다. 매우 특별한 일

을 계기로 '우울증'이라는 질병을 앓게 되었고, 그 질병은 평생 스펄전을 그림자처럼 따라다녔습니다. 하나님께서 바울에게 육체의 가시를 주셨던 것처럼(고후 12:7), 스펄전에게도 특별한 질병을 허락하신 것입니다. 그러나 그 육체의 가시가 오히려 바울에게 하나님의 은혜였던 것처럼(고후 12:9), 스펄전에게도 그 질병은 하나님의 특별한 섭리였다고 고백할 수밖에 없었습니다. 그것의 유익은 그 당대 스펄전의 설교를 직접 들은 사람들, 그리고 본서를 통해 그 유익을 함께 나누어 받는 우리를 위한 것이기도 합니다.

어제도 오늘도, 내일까지도, 그저 평범하고 그저 아픔이 없는 삶을 살기를 바라는 많은 그리스도인들에게 이 책은 삶의 어떤 의미와 가치를 던져 주고, 더 깊은 은혜의 자리로 우리를 인도해 줄 것입니다. 본서가 만들어지는 데 저희 '세빛개혁교회'가 작은 힘이나마 섬기며 함께 할 수 있었음에 또한 감사를 드립니다.

| 최원일
세빛개혁교회 담임 목사, 『우울하고 불안한 그리스도인들에게』 역자

◆

사도 바울이 경험한 목회자의 삶은 '역설적'인 것이었습니다. "우리는 속이는 자 같으나 참되고, 무명한 자 같으나 유명한 자요…"(고후 6:8-10). '설교의 황태자'라 불린 스펄전 목사님의 삶 가운데도 이런 역설은 어김없이 드러났습니다. 하나님께서 주신 주권적인 구원의 은혜와 사역을 위한 성령의 능력과 내세의 기업에 대한 소망에서 오는 말할 수 없는 기쁨 가운데서도, 이생의 삶과 사역에서 오는 고난과 슬픔, 우울감을 동시에 경험하지 않을 수 없었습니다.

스펄전 목사님이 겪은 우울감은 여러 가지 현실적인 원인이 있었습니다. 무엇보다도 그가 겪은 '통풍'이라는 질병은 결국 그의 사망 원인이 되었습니다. 그의 가정생활에서 오는 인간적인 슬픔도 헤아리기 어려운 것이었습니다. 아내인 수산나는 결혼하고 열 달 후 쌍둥이 아들을 출산하고서 20년이 넘는 세월을 신장병으로 침대에 누워서 지냈습니다. 스펄전은 다른 사역자들에게서 감당하기 어려운 공격도 많이 받았습니다. 특히 국교도 목사들로부터 "잠깐 나타났다가 사라질 혜성"이라느니 "사기꾼"이라느니 하는 비난도 받았고, 더구나 같은 침례 교단의 목회자들과 소위 "하강 논쟁"이라는 신학적 갈등으로 교단을 탈퇴해야 하는 아픔도 겪었습니다.

하지만 스펄전은 이런 슬픔 가운데서도 탁월한 유머 감각을 지닌 설교자였습니다. 스스로도 슬픔과 우울증을 이기려고 노력했고, 또한 동일한 아픔을 겪고 있는 사람들에게 말씀으로 위로하고자 했습니다. 그것으로 기뻐했습니다. 본서는 특히 이런 측면에 착안하여 정리한 매우 유익한 연구라고 확신하며 적극 추천하는 바입니다.

| 피영민
목사, 한국 침례신학대학교 총장, 역사신학 교수

낙심의 수렁에서 나를 건져 주고,
절망 거인과 의심의 성 앞에서도 소망이 되어 준
내 친구 제시카에게 이 책을 헌정합니다.

감사의 말

교회를 떠나 이 책을 집필할 수 있도록 기회를 주신 리버사이드 교회의 성도들에게 감사를 표합니다. 특히 조나단·리즈 블록 부부, 샘·그레타 코얼리에 부부, 레이·도나 해거티-페인 부부, 제이슨·나탈리 윌슨 부부, 마가렛 울핀바거 등이 할애해 준 시간과 협력과 조언에 저는 큰 빚을 지고 있습니다. 그리고 리처드 윈터 박사님과 그분들이 저를 성장할 수 있도록 도와주셨습니다.

목차

추천사　5
감사의 말　17

1부
우울증 이해하기

1장　슬픔에 이르는 길　26
우리가 느끼는 무력감 | 사랑하는 이의 고통 | 생명을 주는 힘의 발견

2장　우울증과 우리가 처한 상황　36
고통스러운 상황이 하는 역할 | 고통스러운 상황을 나타내는 증후 | 슬픔에는 완치가 없다 | 상황에서 비롯된 우울증이 우리에게 가르쳐 주는 것

3장　우울이라는 질병　47
타고난 기질 | 몸 상태가 기분을 좌우한다 | 은혜는 우울증을 완화시킬지언정 항상 치유하지는 않는다 | 하나님은 우리의 우울증을 비웃지 않으신다

4장　영적 우울증　60
종교적 우울 | 영적 우울증의 증상 | 우울증의 영적 취약성 | 영혼의 광란자에게 먹잇감을 주지 말라 | 스펄전의 세 가지 단호한 대응 | 이제 무엇을 해야 하는가?

2부
우울증으로 고통받는 이들을 돕는 방법

5장 진단이 곧 치료는 아니다 84
편견 어린 의심은 여전히 남아 | 우울증은 일종의 정신적 관절염 | 알 수 없는 원인과 함축적 언어 | 진단이 능사가 아니다 | 우리는 무엇을 배우는가? | 은혜의 지팡이를 짚고

6장 슬픔을 위한 언어 99
성경은 그들을 위해 은유를 사용한다 | 은유는 신비를 담아낼 수 있다 | 우리의 슬픔을 위한 하나님의 언어

7장 해로운 도움 111
가혹한 태도 | 진정성 없는 말 | 의미의 붕괴 | 돌보는 방식의 변화 | 하나님의 더 큰 이야기

8장 예수님과 우울증 123
예수님도 우울증을 겪으셨다 | 예수님 안에서 발견한 위로 | 감정 기복에 대처하라 | 우리의 이야기를 들려주려면 | 캐니언의 시로 돌아가서

3부
우울증을 이겨 내기 위해 일상에서 필요한 것들

9장 약속과 기도 138
나에게 보내는 메시지 | 약속은 현실적 소망의 연료 | 성경 속에서 유사 사례 찾기 | 약속 붙들기 | 우리는 무엇을 배우는가?

10장 자연적 도움 155
웃음의 묘약 | 차분한 시간, 평온한 휴양지 | 약물 치료제 | 자극제, 강장제, 균형 잡힌 식사, 강연 듣기 | 칼리니 효과

11장 죽음이 아닌 삶을 선택하라 175
죽음에 대한 갈망 | 죽고 싶을 때, 제정신인지 확인하라 | 죽기를 바라는 어리석음을 드러내라 | 삶을 선택하지 않으면 안 되는 이유 | 우리는 무엇을 배우는가? | 무너진 소망을 재건하라

12장 슬픔이 주는 유익 195
베들렘을 바라보며 | 바꿀 마음이 있는가? | 모루, 불, 그리고 해머 | 그분의 선하심은 중단되지 않는다 | 결론에 이르러

"저는 너무나도 끔찍한 우울증에 시달리고 있는 사람입니다. 여러분 중 누구도 저와 같은 극심한 비참함에 빠지지 않기를 바랍니다."[1]

---

[1] Charles Spurgeon, "Joy and Peace in Believing(믿음 안의 기쁨과 평안)," *Metropolitan Tabernacle Pulpit (MTP)*, Vol. 12, Sermon 692 (https://www.spurgeon.org/resource-library/sermons/joy-and-peace-in-believing/).

"질병이 생기면 우리는 몸을 돌보는 데 지체하지 않습니다. 평온히 잠들기 힘들 정도로 고통스러우면, 이내 의사를 찾아가 치료받으려 하지요. 아… 몸의 질병보다 훨씬 더 심각한 내면의 상처에도 그만큼 민감하게 반응하면 얼마나 좋을까요!"[2]

---

2   Charles Spurgeon, "Healing for the Wounded(상처 받은 자의 치유)," *The New Park Street Pulpit (NPSP)*, Sermon 53 (https://www.spurgeon.org/resource-library/sermons/healing-for-the-wounded/).

"저는 개인적으로 이 땅에서 마음의 낙심이나 절망에 비견할 만한 인간의 신체적 고통은 없다고 생각합니다."[3]

3   Charles Spurgeon, "The Garden of the Soul(영혼의 정원)," *MTP*, Vol. 12 (Ages Digital Library, 1998), 370.

우울증 이해하기

1장
슬픔에 이르는 길

 슬픔에 이르는 길은 잘 다져진 길입니다. 그 길은 천국을 향하는 양들이라면 으레 걸어가는 길이며, 하나님의 양 무리라면 모두 그 길을 지나가야만 했습니다.[1]

어떻게 하면 그 시간을 통과할 수 있을까? 숨이 멎을 것 같은 시간, 둘째가라면 서러워할 만큼 힘이 세고 용감한 사람일지라도 불안한 눈빛으로 "마땅히 기도할 바를 알지 못하겠어요"(롬 8:26에서 바울의 말을 살짝 바꾼 표현)라는 고백을 할 수밖에 없는 시간 말이다. 몇 줄 글월로는 감당할 수 없어 침묵하게 되는 그 시간을 우리는 과연 헤쳐 나갈 수 있을까? 우리가 하는 말에는 생명을 맡길 구명조끼 따위는 없다. 그것은 얕은 여울물에 잠시 멈췄다 그냥 흘러가 버릴 뿐이며, 집어삼킬 것같이 넘실거리는 심연 속까지 함께할 대담함도 없다.

---

1 Charles Spurgeon, "The Fainting Hero(의기소침해진 영웅)," *MTP*, Vol. 55.

예수님을 믿는 상당수의 사람은 이 사실을 인정하려 들지 않지만, 이를 피할 수 있는 사람은 아무도 없다. 우리는 머리카락, 체중, 식욕, 외모 등을 잃어 가는 것이 어떤 의미인지 안다. 고통스러운 상황이든, 우리 체질 속에 자리하고 있는 우울한 기질이든, 마치 진흙투성이 장화를 신고 있는 것처럼 우리의 지친 가슴 위에 무거운 짐짝을 올려놓는 형국을 만들 수 있다. 그것은 마치 불안감이 우리의 발목과 손에 밧줄을 묶어 숨통을 조이는 것과도 같다. 빛 하나 들지 않는 곳에서 의자에 묶여 겁에 질린 채로 어두운 공기만 삼키며 앉아 있는 격이다.

이런 종류의 상황과 신체적 반응조차도 하나님의 사랑이라는 선물을 앗아 갈 수 있다. 마치 문 바로 밖에서 불길이 치솟아 하나님과의 연애편지와 사진첩들이 한꺼번에 타 버리고 있는 것처럼 말이다. 우리는 그 불을 막을 힘이 없다. 우리는 하나님의 부재라는 어둠 속에서 의자에 결박당한 채 앉아 있고, 그저 재가 날리고 헐떡거리는 숨소리만 들릴 뿐, 소중한 모든 것이 영원히 사라진 것같이 느껴지게 된다. 심지어 이 재앙이 일어난 까닭이 자기 때문이 아닐까 하는 의구심마저 든다. 그 모든 잘못의 책임이 자신에게 있고, 하나님은 나를 대적으로 여기신다고 느낀다. 하나님의 도우심을 잃고 만 것이다.

정신적으로 이 모든 걸 감당하고 있는데 이제 겨우 화요일일 때, 우리는 이것을 어떻게 버텨 낼 수 있을까?

우리가 느끼는 무력감

11월의 어느 아침, 찰스 스펄전이라고 하는 설교자는 자신의 설교를 통해, 우울해하는 사람들을 돕겠다고 말하면서 "어머, 그런 감정을 느끼면 안 돼요" 혹은 "에고, 그런 말을 하거나 생각하는 건 옳지 않아요"라고 충고하는 사람은 그들을 돕기는커녕 사실상 해악을 끼치는 사람들이라고 말했다.[2] 그리고 나서 그는 또 강한 어조로 우울증을 겪는 사람들을 변호하며 이렇게 말했다. "다른 사람이 어떻게 느끼고 행동해야 하는지를 말하는 것은 결코 쉬운 일이 아닙니다." 그리고 또 이렇게 말했다.

> 세상에 똑같은 사람은 없습니다. 그러나 깊은 슬픔에 빠질 때, 우리 모두가 공감하는 한 가지가 있다고 확신하는데, 이른바 무력감입니다.[3]

우울증을 앓는 사람은 무력감을 느낀다. 그런데 부끄러움도 느낀다. 그렇기에, 정신 건강과 관련한 다른 문제도 그렇지만, 자신의 우울증에 대해서 잘 이야기하지 않는다. 그 이야기를 해야 할 때면 그것이 낯부끄러운 일인 양 귓속말로 하거나, 마치 죄지은 사람마냥 꾸

---

2 Charles Spurgeon, "The Exaltation of Christ(그리스도의 높아지심)," Sermon 101, *NPSP* (November 2, 1856) (https://www.spurgeon.org/resource-library/sermons/the-exaltation-of-christ).
3 위의 책.

지람을 받을 거라고 생각한다. 그러니 많은 이들이 이 일에 있어 누군가에게 도움을 구하지 않는 것은 결코 이상한 일이 아니다. 누군가 도움을 주려고 해도 부끄러움만 더할 뿐이기 때문이다.

그렇다면 스펄전은 어떻게 이렇게 많은 회중 앞에 나와 공개적으로 자신의 우울증에 대해서 말할 수 있었을까? 그는 초창기 초대형 교회를 이끈 목회자였으며, 1800년대 사람이었다. 영국인 목회자요, 빅토리아 시대 사람이고, 침례 교단에 속한 목사였다. 그런 사람이 어떻게 그 주제를 이렇게 공개적으로 말할 수 있었을까?

그 해답은 재앙에 맞먹는 그의 슬픔에서 부분적으로 발견된다. 이 11월 초순 설교, 즉 무력감을 이야기하고 우울증을 앓는 사람의 편에 서서 설교하기 겨우 두 주 전의 일이었다. 그는 바로 그곳에서 수천의 사람들에게 설교를 하고 있었다. 그런데 그때 어떤 못된 장난꾼이 "불이야!"라며 고함을 쳤다. 그 결과 그곳은 순식간에 공포감으로 휩싸였고, 결국 일곱 명의 사망자와 스물여덟 명의 중상자가 발생하고 말았다.

스펄전은 그때 겨우 스물두 살이었고, 결혼한 지 갓 열 달이 지난 때였다. 그와 아내는 이삿짐도 제대로 정리하지 못한 새집에서, 태어난 지 한 달 된 쌍둥이 아들을 키우느라 정신이 없던 때이기도 했다. 그와 같은 상황에서, 너무나 많은 사람이 죽은 이 참사에 대해 런던의 신문들은 일제히 잔인하게, 그리고 가차 없이 그를 비난하는 기사를 써 댔다. 이해할 수 없는 비극과 대중의 비난은 스펄전의 마음을 무너뜨리다시피 했고, 사건 초기뿐만 아니라 그 이후에도 계속해서 그에게 영향을 미쳤다.

나는 한 목회자와 교회에 공개적으로 솔직하게 발언한 이 11월 설교를 가지고서 우울증에 관한 이야기를 시작하려 한다. 한 남성의 그러한 살인 장난으로 인해 엄청난 고통에 시달리고서, 강단으로 돌아와 나눈 고백이 이 설교에 잘 담겨 있기 때문이다. 스펄전은 자신의 인간다움을 공개적으로 고백하며 이 이야기를 시작한다. 이 고백이 여러분에게도 많은 도움이 될 수 있기를 바란다.

저는 오늘 아침 이 강단에 선 것을 대단히 후회하고 있습니다. 왜냐하면 여러분에게 유익한 설교를 할 만한 힘이 제게 전혀 남아 있지 않다고 느끼기 때문입니다. 지난 두 주 동안 조용히 휴식을 취하고서, 저는 이제 그 끔찍한 참사의 여파에서 벗어났을 거라고 생각했습니다. 하지만 다시 같은 자리에 돌아와서 여러분에게 설교하기 위해 이 자리에 서니, 이전에 나를 사로잡았던 그 고통의 감정들이 다시금 밀려오는 듯합니다. 그러니 오늘 아침에는 양해를 좀 부탁드립니다. … 설교 준비를 위해 성경을 연구할 여력이 전혀 없었습니다. … 오, 성령 하나님! 주의 종의 연약함 속에서 당신

> 의 강한 능력을 드러내 주옵시고, 제 영혼이 낙심되었다 할지라도 이 시간 주님의 영광을 드러내게 하옵소서.[4]

이처럼 저명한 목사가 우울증으로 고군분투하며 이를 공개적으로 이야기했다는 사실은, 우리로 하여금 같은 고통을 겪는 이와 동병상련을 느낄 수 있도록 초청한다. 목사요 설교자인 이 사람이 믿음과 회의, 고통과 소망 사이에서 악전고투를 벌였기에, 우리는 마치 여행의 동반자를 만난 셈이다. 그의 이야기 속에서 우리 자신의 이야기를 찾을 수 있을 것이다. 그가 어둠 속에서 예수님을 발견한 이야기는 우리가 처한 어둠에 빛을 비추는 역할을 할 수 있다.

사랑하는 이의 고통

누구나 인생을 살다 보면, 더 이상 일어설 기력이 남아 있지 않고 강인한 척도 할 수 없는 시간이 찾아오기 마련이다. 모든 것이 아름답고 즐거워야 할 산악 휴가 중에 사랑하는 이가 바위에서 미끄러져 산 밑으로 떨어지는 장면을 목격한 가족처럼, 자녀가 학대를 당하거나 학교 총기 사건으로 희생되는 일을 경험한 부모처럼, 때로는 삶이 우리를 짓밟았음에도 하나님께서 이를 막아 주지 않으신 듯한 일들이 일어난다. 바로 그런 때에 우리는 차라리 내 마음이 산산이 망가져

---

4 위의 책.

못 쓰게 되기를 바라기도 한다. 스펄전과 그 끔찍한 날에 사랑하는 이를 잃은 이들도 말씀이 선포되고 장난치던 이들이 키득거리며 웃는 동안에 하나님의 집에서 고통을 받아들이고 감내해야만 했다.

의문은 목구멍까지 차오르고, 정신은 가쁜 숨을 내쉬며 망연자실한 상태가 되고 만다. 휴가 중에나, 학교에서나, 교회에서나, 그런 비극적인 일들은 절대 일어나서는 안 된다. 아무리 예수님을 좇는 사람이라 할지라도 당해 낼 재간이 없다. 스펄전의 아내 수산나는 당시 스펄전의 상태를 이렇게 증언한다. "사랑하는 그이의 고통은 너무나 깊고도 격했어요. 그래서 이성이 자꾸 흔들리는 듯했죠. 저희는 그이가 다시 설교하지 못할까 봐 너무 두려웠습니다."[5]

우리 모두에게, 혹은 우리가 사랑했던 모든 사람에게 해당되는 일은 아닐지라도, 찰스 스펄전은 다시 설교를 시작했음은 엄연한 사실이다. 이는 매우 보기 드문 경우이다. 그러나 수많은 종류의 슬픔이 그의 여생을 계속해서 괴롭히며 쫓아다녔다. 그의 우울증은 그가 처한 상황, 하나님을 향한 헌신에 대한 회의 등이 원인으로 찾아오기도 했지만, 동시에 몸의 화학적 반응에서 비롯된 것이기도 했다.

하나님은 이성이 흔들리는 고통이 어떠한 것인지 직접 경험해 본 사

---

[5] Charles Ray, *The Life of Susannah Spurgeon*, in *Morning Devotions by Susannah Spurgeon: Free Grace and Dying Love* (Edinburgh: The Banner of Truth Trust, 2006), 166.

람을 우리에게 설교자로 주셨다. 그 고통은 일생의 단 한 번 있었던 것이 아니라, 사역과 삶이 이어지는 동안 여러 차례 찾아온 고통이었다. 그럼에도 이 고통을 안고 살아온 스펄전과 (성인이 되어 내내 육체적 질병에 시달린) 그의 아내 수산나는 서로에게, 혹은 당대 사람들에게 이 슬픔 가운데 있는 이들에게도 구원자가 있음을 설파하며 이 고통의 삶을 감내했다.

그해 11월 아침, 스펄전은 아직 연약한 상태에 있으면서도 보통 사람이라면 슬픔에 빠져 있어 행할 수 없는 일을 실천했다. 성경을 읽은 것이다. 그가 '잠시 성경을 읽은 것 자체로 눈물을 터뜨리고 말았다'[6]라는 사실이 당신에게 위로가 되지 않는가? 많은 이들은 이 감정이 어떤 것인지 알고 있다. "짓눌린 영혼에 위로를 주는 능력의 말씀," 빌립보서 2장 9-11절의 말씀을 보자.

> 이러므로 하나님이 그를 지극히 높여 모든 이름 위에 뛰어난 이름을 주사 하늘에 있는 자들과 땅에 있는 자들과 땅 아래에 있는 자들로 모든 무릎을 예수의 이름에 꿇게 하시고 모든 입으로 예수 그리스도를 주라 시인하여 하나님 아버지께 영광을 돌리게 하셨느니라 (빌 2:9-11)

스펄전은 이 성경 말씀을 통해 자신의 소망에 관한 '더 큰 이야기'를 우리 앞에 내놓았다. 자기 아들을 불결함과 비참함, 학대 속에서 끄집어

---

[6] Charles Spurgeon, "Honey in the Mouth(입에 머금은 꿀송이)," *MTP*, Vol. 37 (Ages Digital Library, 1998), 485.

내신 하늘 아버지께서, 우리에게도 동일한 일을 행할 것이라고 말이다.

생명을 주는 힘의 발견

지금 당장은 어떻게 생각할는지 모르겠지만, 우리는 분명히 알고 있다. 우리가 걷는 길에는 생각보다 훨씬 더 많은 먼지와 열기, 개미와 파리로 가득 차 있다는 사실 말이다. 흥겨운 음악 소리가 들려도 발로 박자를 맞출 여력이 없을 때가 있다.

우리는 또한 이 슬픔의 길을 걸어갈 때 조바심을 내는 몇몇 친구들이 있다는 사실도 잘 알고 있다. 그렇지 않은가? 농담을 건네며 술잔을 기울이거나, 어깨를 두드리며 큰 소리로 응원해 주는 것이 그들의 주된 방식이다.

나는 주제넘게 이런 작은 책 한 권이 그와 같은 이중적인 상처를 치료할 수 있다거나, 찰스 스펄전과 같은 한 사람의 이야기가 당신의 삶에 엄청난 위로를 가져다줄 수 있다고 생각하지 않는다. 그러나 한 가지는 확실하다. 코를 휴지로 하도 문질러 빨갛게 되어 버리고 머리카락이 점점 빠지는 때일지라도, 아이의 그림이나 후원자의 자필 편지 정도는 기쁘게 받아들일 수 있지 않은가. 물론 철학자의 논문이나 신학자의 강의에는 전념할 수가 없을 테고, 침묵을 견디지 못하며 쉴 새 없이 말을 쏟아 놓는 친구도 슬픔에 빠진 이를 만나기 위해서는 기다려 주어야 한다. 위가 아프다면 제대로 된 식사를 하기는 어렵겠지만, 크래커 한두 조각은 먹을 수 있지 않은가. 자주는 아니어도 시원한 한 알의 얼음처럼 때맞춰 선택한 우정 어린 말 한마디는 선한 영향을 미칠 수 있다.

더구나 결핍의 시기에, 겉보기에는 아무리 초라한 식단일지라도 생명을 유지하는 데 필요한 영양소가 전혀 들어 있지 않을 거라고 생각하는 것은 오산이다. 오히려 주님은 종종 적은 양의 일용할 양식을 주시는 놀라운 양육 방식을 통해서, 우리에게 슬픔에 괴로워하되 은혜에 붙들린 삶이 무엇인지를 가르쳐 주신다. 사람들은 그렇게 붙들어 주시는 힘이 언제, 어떻게 임했는지 모른다. 그러나 날마다 그 힘이 그들을 찾아내고 붙들어 주었다.

나는 이 책에 담긴 작은 몇 조각의 글들로나마 주님께서 당신을 붙들어 주시며 양육해 주시기를 간절히 소망하며 이 책을 쓰고 있다. 당신이 이 고난의 시간을 통과할 수 있도록 돕고 싶다. 우울증에 관한 어떤 교훈적인 말이나 그렇고 그런 논문을 제공하고 싶지는 않다. 이 책은 당신이 복된 삶을 누리기 바라는 사람이 손으로 직접 써 내려간 작은 편지라 할 수 있으며, 그저 당신이 이 책의 내용을 있는 그대로 받아들일 수 있기만을 바랄 뿐이다. 나도 그와 같은 은혜의 편지가 몹시도 필요했던 사람이었으니 말이다.

2장
우울증과 우리가 처한 상황

마음은 몸보다 훨씬 더 깊은 곳으로 곤두박질칠 수 있습니다. 마음속에는 바닥이 보이지 않는 구덩이들이 있기 때문입니다. 몸이 감내할 수 있는 상처야 일정 수를 넘지 않지만, 영혼에 상처를 내어 출혈을 일으키는 방법은 만 가지 이상이요, 그 영혼은 매시간이 반복되는 죽음의 순간일 수 있습니다.[1]

우산은 하늘 위 먹구름과 같은 회색빛이었다. 나는 녹색 방수포로 덮인 진흙 위에서 무릎을 꿇고 있는 그들에게 그 회색빛 우산을 씌어 주었다. 그들은 쏟아지는 빗줄기를 맞으며 무덤구덩이 옆에서 무릎을 꿇었다. 그리고 성경을 펴 들어 읽었다. "내가 곧 부활이요 생명이니…"(요 11:25). 펴 든 성경은 온통 젖어 얼룩져 버렸지만, 그것

---

1 Charles Spurgeon, "Honey in the Mouth(입에 머금은 꿀송이)" *MTP*, Vol. 37, 48.

은 빗방울 때문이 아닌 그들이 흘린 눈물방울 때문이었다.

그들은 큰 소리로 애곡하며 울부짖었다. 그들의 울부짖음은 기도였다. 그러는 사이에도 나는 우산을 들고 있었고, 사람들은 침울한 표정으로 아무 말 없이 그 자리에 서 있었다. 어떤 때는 누군가의 몇 마디 말들조차 터져 나온 깊은 신음에 묻히거나 뭉개지곤 했다. 아이의 엄마는 몸을 앞뒤로 흔들었고, 아이의 아빠는 무릎을 꿇고서 하염없이 소리 내어 울었다. 두 사람이 하는 말을 도무지 이해할 수 없었다. 그러나 이해하기 위해 노력할 필요도 없었다. 그들의 말은 분명했기 때문이다. 이렇게나 어린아이에게 이런 작은 관이 가당키나 하냐는 것이었다.

삶의 여러 가지 사건으로 인해 우리는 상처를 입을 수 있다. 그것은 누구라도 원치 않는 상황일 것이다. 그때 우리는 사도 바울처럼 말하게 된다. "우리 육체가 편하지 못하였고 사방으로 환난을 당하여 밖으로는 다툼이요 안으로는 두려움이었노라"(고후 7:5). 따라서 비명이 난무하는 상황 속에서 살아남은 자들이 울부짖는 것은 합당하다.

라마에서 슬퍼하며
크게 통곡하는 소리가 들리니
라헬이 그 자식을 위하여 애곡하는 것이라
그가 자식이 없으므로 위로받기를 거절하였도다 (마 2:18)

어린 생명의 탄생은 경이롭고 아름다운 일이다. 하지만 그럼에도 침대를 쉽게 벗어날 수 없음을 의미하는 "산후(post-partum)"와 같은 단어가 만들어졌다. 스펄전은 우리에게 묻는다. "인간 중에 그 누가 슬픔에서 자유로운 사람이 있을까? 온 땅을 두루 살펴보라. 그러면 가시와 엉겅퀴가 없는 곳이 없음을 알게 될 것이다."[2]

그렇다. 우리가 누구든 간에 "울어야 할 때가 있기"(전 3:4) 마련이다.

고통스러운 상황이 하는 역할

어떤 상황으로 인해 상심한 적이 있는가? 스펄전은 "상한 마음에는 몇 가지 형태가 있다"[3]라고 하며 다정하게 이를 상기시켜 준다.

- 유기: 배우자나 가족, 친구의 방치 혹은 배신
- 사별: 사랑하는 이의 질병이나 죽음
- 궁핍: 실직, 재정 압박, 기본적인 필요를 채우지 못할 정도의 가난
- 실망과 좌절: 이루지 못한 꿈, 막혀 버린 목표, 반복하여 맛본 실패, 상대의 승리
- 죄책감: 후회, 타인에게 준 고통, 하나님께 지은 죄

---

2 Charles Spurgeon, "The Man of Sorrows(슬픔의 사람)," *MTP*, Vol. 19 (Ages Digital Library, 1998), 155.
3 Charles Spurgeon, "Healing for the Wounded(상처 받은 자의 치유)," *NPSP*, Sermon 53 (https://www.spurgeon.org/resource-library/sermons/healing-for-the-wounded/).

흉악한 범죄와 쓰나미 같은 자연재해가 빈번히 일어나는 현실에서, 이보다 더한 상황들이 우리를 트라우마에 빠뜨릴 수 있다. 그런데 옛 성현들은 우리에게 슬픈 일에는 슬퍼함이 현명한 것이라고 가르친다.

초상집에 가는 것이 잔칫집에 가는 것보다 나으니
모든 사람의 끝이 이와 같이 됨이라
산 자는 이것을 그의 마음에 둘지어다 (전 7:2)

그러니 먼저 우리 자신에게 이것을 상기시켜 보자. 슬픔 그 자체, 혹은 "애통함은 하나님께서 우리에게 주신 선물이며, 그것이 우리가 이를 극복해 나가는 방식"이다.[4] 슬픈 일에 슬퍼하는 것은 신앙과 지혜에서 비롯한 행위인 것이다.

고통스러운 상황을 나타내는 증후

때때로 고통스러운 상황에 대한 반응으로서 나타나는 슬픔은 부정직인 방향으로 흘러가 슬픔 그 자체가 아닌 다른 양상으로 변모하곤 한다. 그러한 슬픔이 계속되다 보면, 우울증이라 불리는 어둠의 괴물이

---

[4] Rick Warren, Jaweed Kaleem의 기사, "Rick and Kay Warren Launch Mental Health Ministry at Saddleback Church After Son's Suicide(릭 워렌과 케이 워렌, 아들의 자살 사고 후 새들백교회 내에서 정신 건강 사역을 시작)," *Huffington Post*, http://www.huffingtonpost.com/2014/03/28/rick-warren-mental-health_n_5051129.html.

자기 거처에서 눈을 뜬다. 스펄전은 다음과 같이 설명한다.

뇌와 전체 신경계에 지대한 영향을 끼치는 특정 유형의 질병이 있는데, 우울증이란 바로 그러한 질병이 보이는 침울하고 소침한 형태의 증후를 말합니다.[5]

부지불식간에, 여러분에게 불행하다는 생각과 영혼의 우울, 마음의 슬픔이 밀려올 것입니다. 자신이 왜 슬퍼하고 있는지 실제 이유를 모르면서도, 한동안 여러분의 육체가 영혼을 점령하게 되면 여러분은 세상에서 가장 불행한 사람이 될 수 있습니다.[6]

스펄전이 우울증이 우리의 선택권을 박탈하기도 한다는 식으로 설명하고 있음에 주목하라. 우울증은 마치 그 자체의 의지가 있는 것처럼 '부지불식간에' 찾아든다. 그리고 이 슬픔의 정도를 설명해 줄 식별 가능한 근거도 존재하지 않을 수 있음에 주목하라. 우리는 상황이 좋든 나쁘든, 불행하다는 생각을 가질 수 있다.

슬픔이 누적되다 보면 우울증에 빠질 수 있다. "시련은 시련을 낳고"

---

5 Charles Spurgeon, "The Fear of Death(죽음의 공포)," *MTP*, Vol. 58 (Ages Digital Library, 198), 52.
6 Charles Spurgeon, "The Saddest Cry from the Cross(십자가에서 들리는 가장 슬픈 울부짖음)," *MTP*, Vol. 48 (Ages Digital Library, 1998), 656.

희망을 날려 버린다.[7] 시련은 마치 파도와 같이 밀려오고 또 밀려온다. 이러한 "켜켜이 쌓인 통증 · 고통 · 연약함 · 슬픔"은 우리에게 큰 피해를 줄 수 있다.[8] 우리가 탄 배에 물이 새기 시작한다고 생각해 보자. 파도는 일렁이고, 우리는 여기저기 구멍 난 곳을 메우기 바빠서 제대로 정신을 차릴 수도 없는 상황이다. 배는 파도에 높이 솟구쳤다가 바닥으로 내쳐진다. 이내 메울 여력이 없을 정도로 더 많은 구멍이 생겼다. 파도가 우리를 집어삼킬 듯 덮치고, 우리는 젖 먹던 힘까지 짜내어 버텼지만, 마지막 파도가 보란 듯이 거세게 휘몰아치고 나서 배는 가라앉아 버렸다. 이러한 경우, 그로 인한 암울함이 과연 "지나친 슬픔"인가? 아니면 그런 고통의 한가운데에서 암울함 자체는 정당한 슬픔인가?

결국, 우리 중 어떤 이들은 내내 자신을 짓누르는 삶밖에는 살지 못했다. 너무도 나락으로 떨어진 나머지, 고개를 들어 올릴 수조차 없었다. 그들은 마치 그때부터 무덤까지 애통의 시간을 보내는 듯했다.[9] 그러한 상황이 유령처럼 붙어서 그들을 계속 쫓아다녔다. 한 번 찾아온 우울증은 결코 떠나지 않았다. 내내 그들을 괴롭혔다.

---

7   Charles Spurgeon, "Sweet Stimulants for the Fainting Soul(쇠잔한 영혼을 위한 달콤한 자극제)," *MTP*, Vol. 48 (Ages Digital Library, 1998), 575.
8   Charles Spurgeon, "Faintness and Refreshing(기력의 쇠함과 회복)," *MTP*, Vol. 54 (Ages Digital Library, 1998), 591.
9   Charles Spurgeon, "Weak Hands and Feeble Knees(피곤한 손과 연약한 무릎)," *NPSP*, Sermon 243 (https://www.spurgeon.org/resource-library/sermons/weak-hands-and-feeble-knees/).

우리에게 일어난 일 중 최악의 고통이라고 한다면, 아마도 어린 시절에 겪은 고통이 아닐까 싶다. 우울증이 아동기에 엄습하면 개인의 기질 중 핵심적인 부분이 영구적으로 바뀐다. 손만 대도 덩굴손을 말아 올리는 예민한 식물처럼 바뀌는 것이다. 그렇게 되면 타인과의 접촉에 끊임없이 위축되는 모습을 가지고 살게 되며, 더 이상 세상을 마주하지 못하는 사람이 되고 만다.[10] 세상이 나를 귀찮게 쫓아다니며 항상 해를 끼친다고 가정하게 된다.

그렇다면 '선물로서의 슬픔'과 '상황에서 비롯된 우울증'의 트라우마를 어떻게 구분할 수 있을까? 많은 사람들에게서 호평받은 책, *The Noonday Demon: An Atlas of Depression*(정오의 악마: 우울증 도해서)에서 앤드루 솔로몬(Andrew Solomon)은 다음과 같이 답한다. "슬픔은 상황에 비례하는 우울함"인 반면, "우울증은 상황에 비례하지 않는 지나친 슬픔이다."[11]

잠시 멈춰 서서 상황에 비례하는 평범한 슬픔이 얼마나 추하게 보일 수 있는지를 생각해 보자. 예를 들면, 집단학살의 생존자에게는 어느 정도의 슬픔이 합당할까? 살해당한 아들에 대해 슬퍼하는 어머니, 혹은 암과 싸우다 젊은 나이에 죽은 딸에 대해 슬퍼하는 아버지

---
10 위의 책.
11 Andrew Solomon, *The Noonday Demon: An Atlas of Depression* (New York: Scribner, 2003), 16.

에게는 어느 정도의 슬픔이 합당할까? 무엇이 건강하고 어느 정도가 적당한 것인지를 정의함에 있어서, 개인의 인내심 부족이나 문화적 적절성으로 측정하는 것은 무리가 있다. 그 사건의 잔혹함 자체가 슬픔의 적당한 정도를 드러내야만 한다.

슬픔에는 완치가 없다

이런 점에서 볼 때, 사람들이 이야기하는 것과는 달리 슬픔은 나태함의 표지나 죄가 아니다. 부정적인 사고나 연약함도 아니다. 오히려 슬픔을 견디지 못하는 모습을 보일 때, 어리석음으로 기울어지고, 지혜에 적대적이며, 깊이와 넓이를 무시하는 우리 자신이 드러난다.

따라서 고통스러워하는 사람들을 발견하고 그 고통을 멈추게 해 주고 싶다면, 그들이 자신들의 삶 가운데 그것을 극복하려 했던 경험을 절대 과소평가하면 안 된다. 우울증에는 훨씬 큰 긍휼과 수용이 요구된다. 그렇다. 그들은 죄를 짓기도 한다. 하지만 우리 모두가 역시 죄인이다. 그들에게 갑자기 들이닥친 시련이 어떠한 것인지 알았더라면, 아마도 우리 역시 바라는 것 이상의 무서운 어둠과 비참한 시선이 가득한 삶이 있었음을 발견할 수 있었을 것이다.

결국 기억이란 강력한 것이다. 그것은 우리에게 복이 될 수도, 괴로움이 될 수도 있다. 어떤 사람들은 기억으로 인해 괴로움을 당한다.

상황은 그 오점을 남긴다. 그런 사람들에게 필요한 것은 긍휼이지 조롱이 아니다. 결론적으로 천국의 이 한 면에는 우울증, 즉 "슬픔에는 치유책이 없다"[12]라는 진리가 새겨져 있다. 어떤 성도, 어떤 영웅도 여기에 면역력을 갖고 있지 않다. 큰소리로 혹은 오래도록 곡할 수 있는 공간은 필요하고 정당하며, 인간을 고결한 존재로 남게 한다.

그러므로 다음 장으로 나아가는 지금, 무덤가에 서서 흠뻑 젖은 우산을 함께 펴 들고 이 중요한 진리를 확증해 보자. 이 타락한 세상에서 슬퍼한다는 것은 온전한 정신적 행위이며, 눈물을 흘린다는 것은 온전한 정신을 소유한 이들의 증언이다.

상황에서 비롯된 우울증이 우리에게 가르쳐 주는 것

1. **이 땅에서의 기독교 신앙은 도피처도 천국도 아니다.** 스펄전은 예수님을 신실하게 믿으면 건강하고 부요한 삶을 살며, 온전함과 안락함을 누리며, 고난을 면하게 되는 결과를 얻게 될 것이라 주장하는 특정 그리스도인들에 관해 이야기한다. 그는 그러한 주장을 반박하면서, "하나님께 시험받는 백성들"에 대해 이렇게 묘사한다. 그들은 "높은 말을 타고 다니지 않는다." 즉, 그들은 자신들의 불안과 염려로 하나님께 부르짖

---

12 Susanna Kaysen, "One Cheer for Melancholy(우울함을 위한 격려 한마디)," *Unholy Ghost: Writers on Depression* (New York: Perennial, 2002), 41.

어야 하는 삶으로 내몰리고, 그저 자신이 유한한 존재임을 폭로당하는 삶으로 이어질 수밖에 없다는 것이다.[13]

2. **영적인 복과 안락한 상황을 동일시하면 안 된다.** "어떤 형제들은 자주 곤경에 처한다. 그들은 낙심의 수렁에서 빠져나와 곧 다른 수렁에 빠져 허우적거리며 살 뿐이다. 생업 가운데서 수많은 손해를 보기도 하고, 혹은 수익은 없고 손해만 보는 경우도 있을 것이다. 많은 수난과 실망, 사별의 아픔 등을 겪기도 한다. 성공에 대한 경험이 전무할 수 있다. … 사랑하는 형제여, 그럼에도 당신이 하나님의 자녀가 아니라는 표지는 그 어디에도 없다. … 당신이 겪는 그 어떤 시련도 당신이 버림받은 존재라는 것을 증명할 수 없다는 걸 기억하길 바란다."[14]

3. **우울증을 겪어 보지 않은 사람은, 상황 때문에 생긴 우울증을 겪는 이들을 위해 어떤 목회적 돌봄이 있어야 하는지 배워야 한다.** 우울증과 관련하여 동일한 경험이 있는 사람은 "완전히 다른 어조를 사용한다. 그는 강한 사람에게는 말도 안 되는 것일지언정 연약한 사람에게는 그렇지 않다는 점을 잘 안

---

[13] Charles Spurgeon, "Night and Jesus Not There!(밤, 그리고 그곳에 아니 계신 예수님!)," *MTP*, Vol. 51 (Ages Digital Library, 1998), 457.
[14] Charles Spurgeon, "The Believer Sinking in the Mire(늪에 빠져 가라앉는 신자)," *MTP*, Vol. 11 (Ages Digital Library, 1998), 361.

다. 그러므로 다른 사람이라면 그저 고통만을 더할 뿐인 자리에서 자신의 말을 적절히 바꿔 고통받는 사람을 응원해 준다. 마음이 상한 자여, 예수님은 당신이 겪는 모든 고난을 알고 계신다. 그와 비슷한 고난이 바로 주님의 몫이었기 때문이다."[15]

---

15 Charles Spurgeon, "Binding Up Broken Hearts(상한 심령 감싸주기)," *MTP*, Vol. 54 (Ages Digital Library, 1998), 491.

3장
우울이라는 질병

 저는 두려움을 많이 가진 분들을 모두 탓하고 싶지 않습니다. 어떤 분들에게는 그것이 죄라기보다 그저 질병에 걸린 것일 뿐이요, 잘못을 저질렀다기보다 오히려 불행한 상황에 놓인 경우일 수 있기 때문입니다.¹

우울증이 꼭 고통스러운 상황에서 기인하는 것은 아니다. 스펄전의 말에 따르면, "어떤 사람들은 선천적으로 슬프다."² 혹은 태어날 때부터 유독 우울한 기질이 눈에 띄는 사람도 있다.³

1　Charles Spurgeon, "Away with Fear(두려움을 쫓아버리라)," *MTP*, Vol. 16 (http://www.spurgeongems.org/vols16-18/chs930.pdf), 16.
2　Charles Spurgeon, "Joy, Joy, Forever!(기뻐하라, 기뻐하라. 영원히!)," *MTP*, Vol. 36 (Ages Digital Library, 1998), 373.
3　Charles Spurgeon, "Joyful Transformations(기쁨 넘치는 변화)," *MTP, The Spurgeon Archive* (https://www.spurgeon.org/resource-library/sermons/joyful-transformations).

타고난 기질

이 타고난 우울함의 기질이 인생에서 어떤 차이를 만들어 낼까? 이 질문에 답을 함으로써, 우울증으로 고통받는 사람들은 자신을 더 깊이 이해하게 될 것이고, 그들을 사랑하는 사람들은 그에 대한 이해의 폭을 넓히는 데 도움이 될 수 있을 것이다.

우선, 그들의 상상력은 보다 어둡고 막다른 경계로 사람을 가둘 수 있다. 스펄전은 그들이 "우리의 모든 새는 올빼미 아니면 까마귀이다"[4]라고 하는 것을 보았으며, "우울한 기질을 타고난 사람은 고요함 속에서도 격렬한 혼란을 목도한다"[5]라고 말했다.

또한 그들은 두려움을 과장하는 경향도 보인다. 스펄전에 따르면, "낙심에 빠진 사람들은 두려워할 자리가 아닌 곳에서도 두려움의 근거를 찾곤 한다."[6] 이로 인해 안도감이나 안전에 대한 확신을 갖는 데 어려움이 생긴다. 현재 자기 주변이 평온하면 다가올 해악을 찾고, 상황이 안 좋아지면 최악의 상황은 아직 오지도 않았다고 가정

4　Charles Spurgeon, "First Things First(중요한 것부터 먼저)," *MTP*, Vol. 31 (Ages Digital Library, 1998), 712.
5　Charles Spurgeon, "Divine Sovereignty(하나님의 주권)," *NPSP*, Sermon 77, *The Spurgeon Archive* (https://www.spurgeon.org/resource-library/sermons/divine-sovereignty/#flipbook/).
6　Charles Spurgeon, "Away with Fear(두려움을 쫓아버리라)," *MTP*, Vol. 16 (Ages Digital Library, 1998), 338.

한다. 늘 절망적인 미래를 생각하며, 상상 속에서만 존재하는 해로운 일이 일어나지 않았음에도 "그 의심을 실제라고 여기고" 상상 속 일들로 자신을 스스로 "고문한다."[7]

그러므로 스스로 의심과 두려움을 가라앉히는 여느 사람들과는 달리 "이런 타고난 기질을 지닌 이들은 의심하기를 그치지 않는다."[8] 다양한 종류의 걱정과 불안이 이들을 괴롭힌다. "상황이 매우 급격하게 변화할 때 마음은 초조함에 빠진다."[9] 물론 누구나 초조하고 불안할 수 있다. 그러나 우울증은 그것을 증폭시킨다. 걱정은 더욱 깊어지고 두려움도 더욱 강해진다.

따라서 평범한 책임감이 그들을 불안하게 하고 압도하는 경우가 종종 발생한다. 그들은 성과에 대한 불안감 때문에 곤궁한 상태에 빠지고, 사소한 것들을 거대하게 느낀다. "맡은 일을 잘해 내야 한다는 생각을 할 수도 있지만, 바로 그것 때문에 능력을 제대로 발휘하지 못할 수도 있다. 책임감에 압도되어 마비 증세를 보이기도 한다."[10] 완벽하게 성취하지 못할 것 같으면, 절대로 그 일을 수행하지 않으려 한다.

7　위의 책, 338.
8　Charles Spurgeon, "A Prayer for the Church Militant(전투하는 교회를 위한 기도)," *MTP*, Vol. 13, Sermon 768 (Ages Digital Library).
9　Charles Spurgeon, "The Yoke Removed and the Lord Revealed(멍에의 제거와 주님의 나타나심)," *MTP*, Vol. 25 (Ages Digital Library, 1998), 183.
10　Charles Spurgeon, *The Greatest Fight in the World* (Ages Digital Library, 1998), 3.

그렇게 책임감이 요구되는 일을 제대로 수행하지 못할 것 같은 감정 때문에 흔히 실수와 실책에 관한 생각을 비난하고 자책하여 자신을 괴롭히게 되는데, 그 실수나 실책이 실제든 상상이든 상관이 없다. 그리고 마침내 무감각한 상태에 이른다. 그것은 마치 마음의 문을 걸어 잠그고 감각 능력이 완전히 무력화되는 것과 같다.

혹시 이것들이 당신의 특정 경험을 떠오르게 하는가? 우울증은 우리가 가는 곳마다 드리워지는 어둠과도 같다. "어둠 속에 있을 때, 사람들은 무엇이 되었든 모든 것을 두려워한다!"[11] 따라서 정신적인 어둠을 지속적으로 느낄 때, 그들은 귀퉁이 주변에 도사리고 있는 것에 대하여 떨며 소름 끼쳐 한다.

물론 항상 그렇다는 것은 아니다. 우울증이 '완화'되는 시기가 있다. 매 순간 괴로움이 돋지는 않는다는 말이다. 때때로 휴식기가 찾아온다. 지하 창고의 문이 열리면 기꺼이 편한 마음을 가지고서 양지바른 쪽으로 아주 행복하게 걸어 나온다. 하지만 그 어둠의 "까마귀"[12]는 다시금 급습할 때를 찾아 기다리며 종종 실행에 옮긴다.

스펄전에 따르면, 이러한 타고난 생물학적 기질은 어떤 특정 유형

---

11 Charles Spurgeon, "How to Meet the Doctrine of Election(선택 교리에 응하는 방법)," *MTP*, Vol. 30 (Ages Digital Library, 1998), 609.
12 Jane Kenyon, "Having it Out With Melancholy(우울증과 담판 짓기)," *Jane Kenyon: Collected Poems* (Saint Paul, Minnesota: Grey Wolf Press, 2005), 233.

의 '신체적 장애'를 양산할 수도 있다. 우울한 '상상'이 우리에게 해악을 증가·증폭시킬 수 있다는 것이다. 그럼에도 '정신적 우울증'은 "상상이 아닌 실제 질병"에서 기인하기도 한다.[13] 스펄전은 이와 같은 생물학적 원인의 경우는 목회자나 신학자보다는 "의사의 역할이 필요하다"라고 분명하게 말한다.[14] 따라서 목회자와 그리스도인들은 목회적 돌봄 사역 팀에 전문 의료인을 둘 필요가 있다.

몸 상태가 기분을 좌우한다

스펄전은 티모시 로저스(Timothy Rogers)가 쓴 *Trouble of Mind, and the Disease of Melancholy*(마음의 문제와 우울증이라는 질병)이라는 책을 본보기 삼아 몇 가지 형태의 우울증을 질병으로 취급한다.[15] 로저스는 당시의 전형적인 방식으로 우울증을 정의했는데, 그는 우울증이 사람을 어떻게 변화시키고 어떻게 기쁨에 대해 냉담하게 만드는지에 관하여 설명했다. 우울증은 '기쁨을 훔쳐 가는 도둑'이라는 것이다.[16]

13　Charles Spurgeon, "The Cause and Cure of a Wounded Spirit(상처 입은 정신의 원인과 치유)," *MTP*, Vol. 42 (Ages Digital Library, 1998), 786.
14　위의 책.
15　Charles Spurgeon, "Bells for the Horses(말방울)," *Sword and Trowel*, (https://www.romans45.org/spurgeon/s_and_t/bells.htm).
16　Timothy Rogers, *Trouble of Mind, and the Disease of Melancholy*. Charles Spurgeon, *The Treasury of David*, Psalm 107, Explanatory Notes and Quaint Sayings에서 인용.

이 기쁨 절도범은 또한 하나님에 대한 감각을 빼앗는 행위도 즐거워한다. 스펄전은 "하나님의 사랑을 받는 진실한 영혼들이면서도, 종종 햇빛 비취는 날을 제대로 즐기지 못할뿐더러 소망과 기쁨을 누리지 못하여 짙은 어둠 속에 있는 이들"이 있음을 보았고, 또 "그런 사람들 중에는 몇 달 동안 하나님의 얼굴빛을 잃어버린 이들"도 있음을 보았다고 했다.[17]

따라서 이제부터 기술하려는 내용에 좀 더 주목할 필요가 있다. 우울증은 기쁨뿐만 아니라 하나님에 대한 감각까지도 파괴할 수 있으므로, 하나님께서 주신 약속 안에 있는 어떤 위안도 누리지 못하게 할 수 있다. 아무리 하나님의 약속을 진실하고 온유하게 설명해 준다 해도 소용이 없다. 최악의 경우 "세상 모든 것이 암흑으로 보인다." 심지어 그들 마음의 눈앞에서는 하나님의 자비마저 두려운 것이 되고, 그것이 "끔찍한 악의 기운처럼 보이기도 한다."[18]

그러므로 잠시 도움이 될 만한 세 가지 중요한 점들을 강조하려 한다.

1. 우울증을 앓는 사람 혹은 그들을 돌보는 사람으로서, 우리는

---

17 Charles Spurgeon, "Means for Restoring the Banished(추방당한 자들의 회복에 필요한 방편)," *MTP*, 645 (https://www.spurgeon.org/resource-library/sermons/means-for-restoring-the-banished/#flipbook/).
18 Charles Spurgeon, "The Garden of the Soul(영혼의 동산)," *MTP*, Vol. 12 (Ages Digital Library, 1998), 370.

몸 상태가 우울증에 기여할 수 있음을 고려해야만 한다. 이 점에 관하여 스펄전은 기본적인 기독교 신학의 내용을 상기시킨다. "인간은 이중적 존재입니다. 몸과 영혼으로 구성되어 있으며, 각 구성체는 상해나 상처를 입을 수 있습니다."[19]

2. **우울증은 죄가 아니다.** 우울증 때문에 죄를 짓거나 유혹을 더욱 강하게 느낄 수는 있어도, 우울증 자체는 죄가 아니다. 다시 말해, "정신적 우울감 때문에 예민함·두려움·심약함에 빠질 수 있으며, 절망의 끝자락이라고 할 만한 지경까지 이를 수 있다. 그럼에도 그것은 죄와 무관하다."[20] 때때로 우리 삶에서 하나님이 계시지 않다고 느끼게 만드는 것은, 우리 자신의 완고한 마음 때문이 아니라 그저 몸의 생리적 장난 때문일 수도 있다는 것이다.

3. **우울증은 우리만의 고유한 문제가 아니다.** 스펄전은 마르틴 루터(Martin Luther), 아이작 뉴턴(Isaac Newton), 윌리엄 쿠퍼(William Cowper)와 같은 역사적 인물의 예를 언급한 후에 욥, 다윗, 엘리야, 예수님 등의 성경 속 인물을 제시하면서 이렇

---

19 Charles Spurgeon, "Healing for the Wounded(상처 입은 자의 치유)," *NPSP*, Sermon 53, *The Spurgeon Archive* (https://www.spurgeon.org/resource-library/sermons/healing-for-the-wounded/).
20 Charles Spurgeon, "Our Youth Renewed(젊음의 갱신)," *MTP*, Vol. 60 (Ages Digital Library, 1998), 462.

게 말한다. "당신은 우울증으로 고통받는 최초의 인물이 아닙니다." 심지어 "이전에 살았던 가장 고매한 인물들도 그런 경험을 많이 겪었다. … 그러므로 슬픔에 빠졌을 때, 자기 혼자뿐이라고 생각하지 말라." 비록 "어둠 속에서 잠들지라도" 당신은 "영원한 일광 속에서 깰" 것이다.[21]

은혜는 우울증을 완화시킬지언정 항상 치유하지는 않는다

예수님을 좇으면 이 모든 형편이 변해야 하지 않을까? 예수님께서 우리의 질병을 치료해 주셔야 하지 않을까? 많은 사람들이 우리가 예수님께 더욱 진실하면 진실할수록 이런 식의 고생은 없을 거라고 생각한다. 또 어떤 이는 실제로 예수님 안에서 얻은 구원이 얼마든지 위협을 받을 수 있다고 진지하게 말하면서 의문을 제기하기도 한다.

하지만 천식을 앓는 남자나 언어 기능을 잃어버린 채 태어난 여자가, 예수님을 사랑함에도 불구하고 그 형편에 아무런 변화가 없을 가능성이 높듯, 정신 장애나 우울증적 경향을 가지고 있다면 그것 역시 그대로일 수 있다. 예수님께 돌아선 것 자체는 천국이 아닌 천국을 미리 맛보는 경험일 뿐이기 때문이다. 천국의 한 측면에서 은혜는 안전함을 뜻하지만, 그것을 치유책으로 삼을 수는 없는 것이

---

[21] Charles Spurgeon, "The Cause and Cure of a Wounded Spirit(영혼이 상처 입은 이유와 그 치유책)," *MTP*, Vol. 42 (Ages Digital Library, 1998), 791–792.

다. "심지어 피조물에게는 은혜조차도 영향을 미치지 못하는 연약함이 존재한다."[22] 스펄전은 그 사람에게 실질적인 치유가 이루어질 수도 있으나, 그 일은 천국 사역이 완성된 이후의 일이라는 것을 강조한다.

기독교는 어떤 사람을 타고난 기질에서 벗어나게 해 줄 만큼 철저하게 변화시킬 수 있다고 공언하지 않습니다. 절망에 빠진 이들에게 그 절망을 완화시켜 줄 무언가를 줄 수 있다고 하더라도, 그것이 허약한 신체 때문이라거나 마음의 질병으로 인한 것이라면, 기독교가 그것을 완전히 제거해 줄 수 있다고 주장할 수 없다는 것입니다. 오히려 우리는 하나님께서 사용하시는 최고의 종들 가운데 항상 의심하고, 항상 모든 섭리의 어두운 측면을 바라보고, 약속보다 위협이 되는 것을 더 많이 응시하고, 자신을 괴롭히는 문제들에 대해 기록할 준비를 하고 있는 이들을 더 많이 발견합니다.[23]

그러므로 그리스도 안에 있으면서도 우울증으로 고통받고 있는 이들은, 믿음이 매우 연약해질 수는 있다 하더라도, 결코 하나님을 잃

---

22 Charles Spurgeon, "Faintness and Refreshing(기력의 쇠함과 회복)," *MTP*, Vol. 54, 590.
23 Charles Spurgeon, "Weak Hands and Feeble Knees(피곤한 손과 연약한 무릎)," *NPSP*, Sermon 243, *The Spurgeon Archive*.

은 것은 아니다. 어떤 이들은 믿음이 부족하다거나 더 많이 웃지 못하는 것 때문에 정죄를 받을 수 있다고 말하지만, "영적 우울증은 은혜가 점점 사라져 가고 있음을 보여 주는 지표가 아니다."[24] 우리의 구원은 그리스도께서 이루시는 것이지, 우울증이 제거됨으로 이루어지는 것이 아니기 때문이다. 그러므로 이 진리를 선포하는 것이다. 하나님이 안 계신 것처럼 느껴진다고 해서 실제로 안 계신 것은 아니다. 비록 육체의 무기력함이 하나님의 부드러운 어루만지심을 감각하지 못하게 한다 할지라도, 하나님은 여전히 우리를 굳세게 붙잡고 계신다. 하나님에 대한 감각이 우리를 구원하는 것이 아니다. 하나님께서 우리를 구원하시는 것이다.

우리의 소망은 좋은 기분을 유지하는 능력에 있는 것이 아니라, 우리를 지탱해 주시는 하나님의 능력에 있다. 예수님은 우리의 마음이 우울감에 젖어 있다고 해서 우리를 포기하실 분이 아니다. 스펄전의 다음 진술이 위안이 되었으면 좋겠다.

아마도 당신은 건강이 좋지 않거나 신경계에 큰 부담을 준 질병을 앓아서 우울해졌을 것입니다. 그래서 당신에게 하나님의 은혜가 떠나 버렸다고 생각할 수 있습니다만, 결코 그렇지 않습니다. 당신의 영적 생명은 자연적인 것에 좌우

---

24 Charles Spurgeon, "Sweet Stimulants for the Fainting Soul(쇠잔한 영혼을 위한 달콤한 자극제)," *MTP*, Vol. 48, 575.

되지 않습니다. 만일 그렇다라면 그 영적 생명은 등불처럼 꺼져 버리고 말 것입니다. 영적 생명은 은혜에 좌우되며, 은혜는 당신이 영광에 이를 때까지 그 빛을 비춤에 있어 절대로 멈추지 않을 것입니다.[25]

폭풍을 몰고 올 잿빛 구름이 아무리 하늘을 온통 어둡게 하고 있을지라도, 태양은 하늘 위에서 여전히 빛나고 있다. 비행기를 타고서 날아 보면 이 진리는 쉽게 증명된다. 또한 우리가 병들어 잠들지 못하며 뒤척인다 해도, 사랑하는 이가 한밤중에 손을 꼭 잡아 주며 이마의 땀을 닦아 줄 것임을 안다. 설사 그 사실을 인식하지 못한다고 해도 말이다.

하나님도 마찬가지다. 가끔씩 우리의 몸이 기분을 망가뜨리고 믿음에 회의를 일으킨다 해도, 하나님은 우리와 함께하신다. 비록 그것을 인지하지 못하고 정서적으로 계속 분노가 일지라도, 하나님은 우리를 안전하게 붙잡아 주신다.

이번 3장 서두를 여는 인용문에서 스펄전은 이와 같은 사실을 일깨워 주었다. 우울증이란 "누군가의 잘못이 아닌 불행한 상황"에 놓인 것일 뿐이며, 비난받아야 할 대상이 아니라 우리가 맞서 싸워

---

[25] Charles Spurgeon, "Smoking Flax(그을린 아마포)," *MTP*, Vol. 31 (Ages Digital Library, 1998), 224.

야 하는 일종의 투쟁이라고 말이다. 이는 무엇을 말하는가? 스펄전은 더욱 강해져야 하며 하나님께 강한 힘을 달라고 해야 한다 말하는 사람들과 완전히 반대의 이야기를 한다. "여러분의 연약함이 예수 그리스도를 통해 하나님께 간구하도록 하십시오."[26] 하나님의 은혜는 당신이 할 수 없는 것을 감당할 수 있을 만큼 충분히 크고, 깊고, 넓고, 높다. 당신의 필요에 알맞은 은혜가 때를 따라 나타난다(히 4:16). 당신의 소망은 당신의 건강함에 있지 않고, 당신에게 필요한 힘이 되어 주시는 하나님의 능력에 있는 것이다.

하나님은 우리의 우울증을 비웃지 않으신다

3장을 마무리하면서, 나는 내가 '하나님에 관하여' 보다 명시적으로 이야기하기 시작했음을 인정한다. 어쩌면 많은 사람이 이 사실을 받아들이기 힘들어할지도 모르겠다. 하나님에 관한 이야기는 대개 그다지 친절하지도 않을뿐더러, 우리의 비참함은 너무나도 실제적인 것이어서 종교인들이 다루기에는 진부하거나 상스러운 주제라고 하니 말이다. 그 말에 동의를 하면서도, 나는 앞으로의 각 장이 하나님과 당신이 겪는 우울증과 관련해 당신에게 유익하기를 바란다.

그래도 지금 당장은 스펄전이 우울증을 겪으면서 자신과 동일한 방

---

[26] Charles Spurgeon, "The Frail Leaf(여린 잎사귀)," *MTP*, Vol. 57 (Ages Digital Library, 1998), 595.

식으로 고통당하는 모든 이들을 하나님께서 긍휼히 여기신다고 생각했다는 사실만으로 흥미를 느낄 수 있지 않을까. 스펄전은 하나님이 자신에 대하여 조롱을 일삼는 사람들과는 다른 분이라며 구별 지었다. 그의 말을 들어 보자.

여러분 중에는 주변 사람 그 누구도 구해 줄 수 없을 만큼 커다란 마음의 고충을 겪고 있는 분들이 있을 겁니다. 혹여 당신이 가련하고 예민한 사람이라 종종 다른 사람들의 웃음거리가 되는 경우를 당할지라도, 나는 하나님께서 당신을 결코 웃음거리로 삼지 않으실 거라고 분명히 말할 수 있습니다. 그분은 당신의 슬픈 불만 전부를 알고 계십니다. 그러니 여러분에게 강권합니다. 많은 사람의 경험을 통해 "주 하나님은 은혜로우시며 긍휼이 풍성하신 분이심"[27]을 배웠으니, 속히 그분께 나아가십시오.

27　Charles Spurgeon, "Remembering God's Works(하나님의 역사를 기억하라)," *MTP*, Vol. 49 (Ages Digital Library, 1998), 591.

4장
영적 우울증

 영적 우울증이야말로 최악의 정신적 불행입니다.[1]

윌리엄 쿠퍼(William Cowper)는 자신의 시 "The Castaway(조난자)"에서, 바다에서 배가 난파되어 죽음을 맞이한 사람에 대해 이야기한다. 그 시 말미에 쿠퍼는 파도에 휩쓸려 바다 밑으로 가라앉은 사람들을 깊이 생각하게 된 까닭에 대해 들려준다.

하지만 불행은 여전히 또 다른 사람의 형편 가운데
그 모습 찾기를 즐거워하나니

쿠퍼는 불행한 사람들은 다른 불행한 사람들의 이야기를 공유하며 위안을 삼는다고 말한 후, 자신의 우울증을 묘사하기 위해 바다에서

---

1 Charles Spurgeon, "Lama Sabachthani?(라마 사박다니?)," *MTP*, Vol. 36 (Ages Digital Library, 1998), 168.

익사한 사람들을 하나의 은유로 사용한다.

누그러진 폭풍우 속 주님의 목소리 아니 들리며
상서로운 빛도 비추질 않네
모든 유효한 도움을 빼앗기고
우리는 사라져, 각자 홀로 사라져
다만 나는 더욱 거친 바다 아래에 남아
그이보다 더 깊은 심연에 삼켜지나니[2]

쿠퍼는 자신이 하나님에게서 홀로 버림을 받았다고 묘사한다. 어떠한 도움의 손길도 없이 그저 심연이 자신을 삼킬 뿐이라고 하면서 말이다.

하지만 이런 시를 지었던 그 사람은 오늘날까지 많은 그리스도인들의 복을 비는 믿음의 찬송시를 짓기도 했다.

두려움에 빠진 성도여, 새롭게 용기를 내시오
그대들이 그리도 두려워하는 먹구름 속에는
은혜가 충만하나니
그대의 머리 위로 복은 쏟아져 내리리라

---

2   William Cowper, "The Castaway(조난자)," (https://poets.org/poem/castaway).

미약한 감각으로 판단치 말고
그 은혜로 말미암아 주님을 신뢰하시오
잔뜩 찌푸린 섭리 뒤편에
미소를 머금은 주 얼굴 숨어 있다오[3]

종교적 우울감

스펄전이 살던 당대에 나온 *A Manual of Psychological Medicine*(정신 의학 지침서)에는 "종교적 우울감(religious melancholia)"이라 명명한 개념이 명시되어 있다. 이는 대개 정신 이상과 관련한 것인데, 이런 형태의 우울감은 매 순간 하나님의 진노에 대한 의식적이고 거부할 수 없는 공포감을 느끼게 해 사람들을 괴롭게 한다. 혹은 이런 종류의 우울증으로 고통받는 사람들은 자신이나 타인에게 해를 끼치는 방식의 종교적 헌신을 극단적으로 행한다. 쿠퍼는 종종 전자의 경험을 하곤 했다. 그는 사랑했던 하나님이 다른 이에게는 은혜를 베푸시면서 이제 자기에게는 그렇게 하지 않으신다고 하는 무시무시한 생각을 견뎌야만 했다.

이 지침서에는, 악의는 없지만 잘못된 가르침을 주는 설교자들이 어떤 방식으로 우울증의 영적 고통에 기여하는지가 설명되어 있다.

---

3 William Cowper, "God Moves in a Mysterious Way(신비한 방식으로 기동하시는 하나님)," *Olney Hymns* (https://sovereigngracemusic.com/music/songs/god-moves/).

왜곡이 없고 공정하며 균형 잡힌 설교를 하는 기독교가 정신 이상의 유발이 아닌 예방을 위해 존재한다는 사실은 굳이 더 말할 필요가 없겠다. 종교적 우울증은 악의는 없으나 지혜롭지 못한 설교자들이 종종 우울증 앓는 사람들을 맹렬하게 비난하는 설교를 하는 데서 직접적인 원인을 찾을 수 있다.[4]

설교자와 기독교 강연자들은 때때로 자신들의 이야기를 듣는 사람들이 다양한 경제적 어려움, 생물학적 질병, 고통 등을 안고 사는 사람들임을 염두에 두지 않고서 말한다. 그들은 양 무리 중 하나가 이런 종류의 역경을 당할 때, 목자가 베풀어야 할 보살핌이 무엇인지를 잘 모르는 사람들이다. 다행히도 쿠퍼에게는 다정다감한 목회자가 있었다. 찬송가 「나 같은 죄인 살리신(Amazing Grace)」을 지은 존 뉴턴(John Newton)이 바로 쿠퍼의 목회자이자 친구였다.

오늘날에도 이와 유사한 정서가 아직 남아 있는 것 같다. 그럼에도 종교는 정신적으로 고통받는 이들에게 '도전'이자 동시에 '도움'이 될 수 있다. 그런데 이 '도전'은 설교자가 우울증을 매번 죄라고 가정할 때 나타나곤 한다. 타오르는 불길에 자신이 기름을 부어 놓고서는 고통받는 이들의 문제가 어째서 진정되지 않고 더 맹렬하게 타오르는지 모르겠다면서 의아해한다. 그러나 동시에 현대의 많은 연구들에서는 정신 건강상의 어려움을 겪는 이들이 종교 공동체의 일원일

---

[4] John Bucknill, *A Manual of Psychological Medicine*, 179.

때 훨씬 더 잘 지낸다는 사실을 확인시켜 주고 있다.[5]

이와 같은 하나님과 우울증 사이의 줄다리기 속에서, 스펄전은 우울증에 이르는 영적 실체가 있음을 인정했다. 그는 우울증 자체가 상황적·생물학적·영적 기여 요인의 어려움을 갖고 있다고 여겼지만, 또한 물리 세계의 영적 측면이 특정 종류의 우울증을 초래할 수 있다고도 믿었다. 다시 말해서, 생물학적 우울증을 앓는 사람이라 하더라도 영적 실체와 맞서 싸우게 되고, 어떤 상황적 혹은 생물학적 우울증이라고 할 만한 요인이 전혀 없음에도, 영적 우울증으로 고통받는 사람이 있을 수 있다는 것이다.

스펄전은 고통 중에 있는 사람들을 도우려 할 때 (그리고 자신을 괴롭힐 수도 있는 문제를 설명하고자 할 때도), 존 버니언(John Bunyon)의 유명한 소설 『천로역정(Pilgrim's Progress)』에 나오는 용어들을 사용했다. 『천로역정』에서 '크리스천(Christian)'이라는 이름의 주인공은 '낙심의 수렁(Slough of Despond)'에 빠지고, 나중에는 '절망 거인(Giant Despair)'에게 붙잡혀, 이후 '의심의 성(Doubting Castle)'에서 무자비한 매질을 당한다. 즉 낙심, 절망, 의심 등이 하나로 묶여서 우리 삶에 영적 비참함을 만들어 낸다는 것이다.

---

5 Lauren Cahoon, "Will God Get You Out of Your Depression?(하나님은 우울증에서 벗어나게 해 주시는가?)," *ABC News*, March 19, 2008, http://abcnews.go.com/Health/MindMoodNews/story?id=4454786.

영적 우울증의 증상

영적 우울증이란 무엇인가? 영적 우울증의 핵심은 그것이 실제이든 상상이든 상관없이 '하나님의 버리심'과 관련이 있다. 즉, 하나님이 나에게 매우 화가 나셨다거나, 내가 그분의 사랑을 상실할 행동을 했다거나, 그분이 나를 장난감처럼 가지고 놀다가 변덕스럽게 내버리셨다고 느낀다는 것이다. 인간은 이와 같은 관념을 감각 기관을 통해서 느낀다. 하나님이 다른 사람들을 위해 존재하시고 나를 위하지는 않으신다고 느끼거나, 침묵하심으로 나를 벌하신다고도 생각한다. 또는 하나님이 다른 사람들에게 나를 두고 험담을 퍼뜨리며 내 고통을 비웃으신다고 느끼기도 한다.

하나님의 부재가 압도적으로 느껴진다는 것은 버림받았음의 역설이다. 우리는 그 얼굴에서 공허함이 보인다. 스펄전의 말에 따르면, 하나님께서 나와 함께하심을 알 때 그 사람은 "큰 영적 우울증을 감내할 수 있다. 그러나 하나님께서 자신을 불행과 역경 속에 내버려 놨다고 믿으면, 지옥의 서막에 비유할 수밖에 없는 고통이 마음속에 자리 잡는다." 사람들은 "몸에서 피가 나고 영혼에 상처를 입어도 스스로 견뎌 낼 수 있지만, 내 영혼이 하나님에게서 버림받았다고 생각할 때는 의외로 견디기 어려워한다."[6]

---

6 Charles Spurgeon, "Lama Sabachthani?(라마 사박다니?)," *MTP*, Vol. 36 (Ages Digital Library, 1998), 168.

이러한 여러 끔찍한 증상들은 주로 자신이 버림받았다고 느낄 때 발생한다. 먼저는 내 안에 있는 모든 연약함, 한계, 죄, 불완전함 등이 확대되고, 내가 '과연 그리스도인이 맞는가' 하는 지독한 의심에 시달리면서, 마치 나 자신이 거짓 삶을 사는 협잡꾼에 불과하다는 "두려움으로 고통당하는" 처지에 이르고 만다.[7] 답할 수 없는 질문, 해결할 수 없는 수수께끼, 풀 수 없는 복잡한 매듭에 집착하다 보면, 지독한 고통을 느낄 수 있는데, '전부 아니면 전무(全無)'라는 극단으로 치우치기 마련이다. 게다가 우리가 믿는 '모든 것'을 알지 못한다는 이유로 '아무것'도 알 수 없다고 믿어 버리며, 나에게 어떠한 위로도 가당치 않다고 생각한다.

그렇게 되면 우리는 성경 자체를 극단적으로 보게 될 수도 있다. 성경은 이제 임박한 파멸을 예고하면서 우리를 매섭게 때리는 회초리 같은 책이 되거나, 반대로 무미건조하여 아무런 흥미도 없고 지루하기만 한 자신과 무관한 책이 되고 마는 것이다. 만약 성경이 우리를 회초리질하며 파멸시키기를 즐거워하는 책이라고 느낀다면, 우리는 우리를 구원하시는 하나님이 부재하시다는 이유로 신음하며 몸부림칠 것이다. 반면에 성경이 무미건조한 이야기라고 느낀다면, 우리는 냉담해지고 무관심해질 것이다. 끔찍한 무관심이 시작되는 것이

---

7   Charles Spurgeon, "A Call to the Depressed(우울증에 걸린 이들을 향한 요구)," *MTP*, Vol. 60 (Ages Digital Library, 1998), 536.

다. "하나님을 느끼고 싶어도 느낄 수 없게 된다."[8]

또한 밤새 잠을 자지 못하고 뒤척인 듯 제대로 안식할 수 없게 하는 '영적 불면'을 경험할 수도 있다. 영적 불면을 겪게 되면, 쉼을 얻지 못한 채로 분투하고 고뇌하면서 초조함과 걱정에 시달리게 된다. 그럴수록 전력을 다해 일하려고 하지만, 결코 만족할 만큼의 성과는 거두지 못하며, 하찮은 결과와 하나님의 노하심이 여상하다는 사실만 자각하게 된다. 결코 그 어떤 기준에도 도달하지 못한다고 느끼며, 의와 선을 충분히 행하지 못하면 하나님은 고개를 절레절레 흔드시면서 우리 곁에서 멀어져 버리실 것이라는 초조함과 불안함으로 삶의 나날을 허비하게 되고 만다.[9]

결국 초췌하고 파리해진 몰골이 되는 것이다. "섬김의 즐거움은 증발하듯 사라지고, 지엽적인 문제에 연연하는 초조함 때문에 일 전체를 망치고 만다. 그리하여 일하는 사람은, 그렇고 그런 잡부나 하인의 자리로 추락한다."[10] 하나님이 우리에게서 멀어지셨다는 상상은 마음을 고문하는 도구가 된다. 당신도 이와 같은 경험을 해 본 적이 있는가?

---

8   위의 책.
9   Charles Spurgeon, "Faint, But Not Fainthearted(지쳤으나 낙심하지 않으리)," *MTP*, Vol. 40 (Ages Digital Library, 1998), 20.
10 Charles Spurgeon, "Martha and Mary(마르다와 마리아)," *MTP*, Vol. 16 (Ages Digital Library, 1998), 297.

스펄전은 이러한 영적 증상 중 가장 끔찍한 증상을 '영혼의 중압감'이라고 부른다. 바로 앞에서 설명한 것과 정반대로, 이런 형태의 하나님과의 거리감은 상상의 산물이 아니라 실제이다. 우리가 범한 죄에 대하여 진실로 두려워하고, 심판받기에 합당하여 죄를 용서받을 가치가 전혀 없다고 느낀다. 그러면서도 구제책도 없고 회복에 대한 소망 또한 찾을 수 없는 상태임을 자각한다.

스펄전은 자신의 경험을 바탕으로, 우리가 만일 이와 같이 실재하는 죄에 대한 진정한 확신을 '30분'만이라도 겪어 본다면, 이런 식으로 고통받는 이들에게 더 큰 긍휼을 베풀 수 있을 것이라고 강하게 권고한다. "죄가 가시처럼 박혀 양심의 조롱거리가 되며, 화살에 쏘이듯 판단을 받는 것, 이것이 바로 극심한 고통이요 괴로움인 것이다." "지옥의 고통을 겪는 동시에" 참된 뉘우침과 절망의 쓰라림이 가장 깊고도 깊은 슬픔을 드러낸다. 그것은 심지어 죽음 자체보다 더한 슬픔인 것이다.[11]

이 모든 증상 때문에 우리는 소망에 대해 잘못 판단하게 된다. 용서나 화해에 필요한 구제책이 우리에게 없다는 착각이 바로 그것이다. 하나님은 세상을 전혀 사랑하지 않으셨고, 자기 아들을 보내지 않으셨던 분으로 여기는 것이다.

---

11   위의 책.

더 심각한 것은, 다른 사람들이 우리를 '정도에서 벗어난' 사람인 양 취급하거나 '영혼의 슬픔에 빠졌다며 꾸짖고 조롱하기까지 하는 행동을 수없이 한다'는 것이다.[12] 이런 생각이야말로 상황을 더욱 어렵게 만든다. 따라서 하나님께 버림받았을 뿐만 아니라 하나님을 입에 달고 사는 사람들에게서까지 수치를 당하고 버림을 받았다고 느낄 수 있다. 이렇게 이중적으로 버림받았다고 느껴 고통을 받으면서도, 치유에 대한 소망은 어디에서도 찾을 수 없어 괴로움 가운데 결국 이러한 결론을 도출해 낸다. 나에게는 죄를 용서해 줄 구원자도 없고, 슬픔을 이해해 줄 이도 없다고….

우울증의 영적 취약성

여기서 꼭 기억해야 할 것은, 어떤 유형의 우울증이 다른 유형의 우울증을 불러일으켜 더욱 견디기 힘든 상황에 이르게 될 수도 있다는 점이다. 예를 들어, '우울증에 시달리고 있을 때' 누군가 우리를 싫어하게 되면 불안의 정도가 훨씬 더 크게 다가온다. 평소라면 하루 정도만 속상했을 일이 이때는 사람들에게서 멀리 도망치고 싶은 마음으로 변할 수 있다.[13]

---

12 Charles Spurgeon, "The Garment of Praise(찬양의 옷)," *MTP*, Vol. 59 (Ages Digital Library, 1998), 226.
13 Charles Spurgeon, *C. H. Spurgeon's Autobiography*, Chapter 32 (Ages Digital Library, 1998), 400.

이와 마찬가지로, 이미 생물학적 · 상황적 우울증과 싸우고 있는 사람은 영적 슬픔에 더욱더 취약하다.[14] 이미 짓누르고 있는 트라우마에 하나님의 노하심을 더하지 않고서 하루를 버텨 내는 것만으로도 충분히 힘든 일이다.

일례로, 스펄전은 자신이 지속적으로 겪은 의심과의 싸움이 우울증 때문에 더 힘들어졌다는 사실을 이야기해 준다. 이미 우리 믿음이 "끊임없이 찔리고 잘리며 난도질당한" 상태일 때, 매일매일 버티며 "나는 하나님을 절대 의심하지 않아"라고 말하는 것은 정말 어려운 일이라는 것이다. 인내하기 절대 만만치 않다.[15]

여기서 우리에게 도움을 주는 두 가지 내용을 기억하면 좋겠다.

1. **성급하게 판단하지 말고 삶의 맥락을 고려해야 함을 기억하자.** "쇠잔해진 사람을 보았을 때 그를 비난하지 마십시오. 어쩌면 그 쇠잔함은 그들의 현재의 모습을 만들어 낸 요인이 무엇인지를 보여 주는 증거물일지 모릅니다. 그들은 혈과 육으로 할 수 있는 모든 노력을 다한 것이고, 그 결과로 지금 쇠잔

---

14 Charles Spurgeon, "Hope in Hopeless Cases(소망 없는 중의 소망)," *MTP*, Vol. 14 (Ages Digital Library, 1998), 492.
15 Charles Spurgeon, "The Roaring Lion(포효하는 사자)," *MTP*, Vol. 7 (Ages Digital Library, 1998), 1040.

해진 것입니다."¹⁶

2. 어떤 이들은 내가 보기에 적은 일을 해 내는 것임에도 다른 이들보다 더 큰 믿음이 필요할 수 있다는 것을 기억하자. 그들은 이렇게 말할지도 모른다. "우리는 낙심의 수렁을 두려워할 필요가 없습니다. 그 수렁이 이미 우리 마음속에 있거든요. 우리는 결코 그 수렁을 벗어나지 못할뿐더러 그 수렁 또한 우리를 떠나지 않을 거예요." 따라서 이들이 견뎌 내는 귀한 인내와 그런 그들을 돌보시는 주님께서는 참으로 감탄할 만한 것이 많다. 우리 마음에는 이러한 긍휼의 마음이 필요하다. "두려워 떨고 있는 동료 순례자여, 그대가 두려움을 잊을 수만 있다면 그대를 위해 음악을 연주해 드리고 싶소. 혹 의기소침해진 마음을 완전히 떨쳐 낼 수 없다면, 아주 잠시라도 독수리 날개를 취하여 저 의심의 안개 위로 올라갈 수 있기를 바라오."¹⁷

이제 일반적인 우울증과 특별한 영적 우울증에 더욱 크게 기여하는 중요한 요인을 살펴보자.

---

16 Charles Spurgeon, "Faint, But Not Fainthearted(지쳤으나 낙심하지 않으리)," *MTP*, Vol. 40, 19.
17 Charles Spurgeon, "The Sweet Harp of Consolation(감미로운 하프 소리에 위안을)," *MTP*, Vol. 13 (Ages Digital Library, 1998), 476.

스펄전은 사탄이 실재함을 믿었다. 이 악한 피조물이 우울증을 일으키는 원인이라고 할 수는 없지만, 이들은 무리 중에 허약한 얼룩말을 골라 내는 사자처럼, 부족하고 병들어 약해진 사람들을 집어삼키는 데서 해괴한 즐거움을 얻는다. 다시 말해, "그 강한 대적자는 불안해 떠는 영혼을 정조준한다"[18]라는 것이다. 그 대적자는 그 영혼의 슬픔을 가지고서 그것을 더욱 크게 만들기를 좋아한다. 절망 거인과 마찬가지로, "구원자가 나타나기 전에 무슨 수단으로든 자신의 먹잇감을 철저히 파괴할 수만 있다면, 정도 없는 온갖 악행을 도모하여 가련한 자기 노예들을 공격한다."[19] 이미 숨이 턱밑까지 차올라 고통받고 있는 자들의 머리 위에 참소와 정죄를 쌓고서 그 귀에 끔찍한 속삭임을 들려준다. 조심하지 않으면, 우리 자신 혹은 우울증에 걸린 친구를 돕거나 힘을 주기 위해 노력하는 과정에서 이 끔찍한 참소자를 닮아갈 수 있다.

우울증이 엄습하게 되면, 우울증을 앓는 사람들은 쿠퍼와 같이 자신에게 이렇게 말하곤 한다. 나는 하나님의 참자녀가 아니라고…. 소망도 없고, 죄도 이미 발각되었다고 여기며, 의구심도 헤아릴 수 없이 많아진다. 미래는 참담해지고, 현재는 무관심할 뿐이며, 용서받기란 불가능하다 여긴다. 이때 고래(古來)의 악한 피조물은 미소를

---

18 Charles Spurgeon, "Loving Advice for Anxious Seekers(불안해하는 구도자에게 주는 사랑의 조언)," *MTP*, Vol. 13 (Ages Digital Library, 1998), 107.
19 Charles Spurgeon, "Hope in Hopeless Cases(소망 없는 중의 소망)," *MTP*, Vol. 14, 492.

지으며 말한다. "그래, 맞아. 네 말이 옳아. 하지만 상황은 네가 생각했던 것보다 더 심각해. 전부 잃어버리고 무일푼에 폐기된 존재, 그게 정확한 네 모습이란 말이지. 너의 지위는 박탈됐어. 그냥 그렇게 기력 없이 땅에 널브러져 있어. 도움의 손길도 이제 멀리 떨어져 있으니까. 너는 이미 때를 놓쳤어. 죄인아, 네가 없어지면 사람들은 더 행복할 거야. 이 죽어 마땅한 인간아!"

이 영혼의 광란자에게 먹잇감을 주지 말라[20]

바로 이 지점에서, 스펄전은 평소 돌보는 사람(caregiver)인 동시에 고통받는 사람(sufferer)으로서 보여 주던 온화한 태도에 있어서 괄목할 만한 변화를 보인다. 많은 상황적·생물학적·영적 고통은 우리가 이를 관리하고 이해할 수 있는 한계를 훨씬 넘어 오래 지속된다. 그러나 이 고래의 적인 사탄을 마주할 때, 우리가 할 수 있고 해야만 하는 일은 단 한 가지뿐이다. "싸우는 것!"

영혼은 산산이 조각났고, 칼과 창에 찔렸으며, 녹아내리고, 뒤틀리고, 고통 속에 있다. 두려움에 굴복할 때, 영혼은 달아날 출구가 어디인지 모른다. 일어나라, 그리스도인이여! 얼굴에는 온통 슬픔뿐. 일어나 두려움을 내쫓으라. 어찌하여

---

20 Charles Spurgeon, "New Uses for Old Trophies(오래된 전리품을 새롭게 사용하는 방법)," *MTP*, Vol. 17 (Ages Digital Library, 1998), 73.

지하 감옥에 갇혀 신음하고만 있는가? 어찌하여 절망 거인에게 그 딱딱한 몽둥이로 계속해서 매질을 당하고만 있는가? 일어나라! 두려움이라는 절망 거인을 몰아내라.[21]

그렇다면 그 절망 거인을 어떻게 몰아내야 할까? "네가 옳을지도 몰라. 하지만 내게는 예수님이 계셔." 이 문구를 사용해 보자.

- 네가 옳을지도 몰라. 생각보다 상황이 더 좋지 않아.
  하지만 내게는 예수님이 계셔!
- 네가 옳을지도 몰라. 나는 무일푼이야. 하지만 내게는 예수님이 계셔!
- 네가 옳을지도 몰라. 나는 버림받았어. 하지만 내게는 예수님이 계셔!
- 네가 옳을지도 몰라. 나는 폐기된 존재야. 하지만 내게는 예수님이 계셔!
- 네가 옳을지도 몰라. 나는 널브러져 있는 편이 나아.
  하지만 내게는 예수님이 계셔!
- 네가 옳을지도 몰라. 너무 때를 놓쳐 기회가 없겠지.
  하지만 내게는 예수님이 계셔!
- 네가 옳을지도 몰라. 도움의 손길은 너무 멀리 있어.
  하지만 내게는 예수님이 계셔!
- 네가 옳을지도 몰라. 나는 죄인이야. 하지만 내게는 예수님이 계셔!
- 네가 옳을지도 몰라. 내가 없으면 사람들은 더 행복할 거야.
  하지만 내게는 예수님이 계셔!
- 네가 옳을지도 몰라. 나는 죽어 마땅할 거야. 하지만 내게는 예수님이 계셔!

---

21   Charles Spurgeon, "Fear Not(두려워 말라)," *NPSP*, Vol. 3 (Ages Digital Library, 1998), 651.

우리는 우리 자신이 아닌 예수님의 약속을, 우리의 힘이 아닌 그분의 능력을 주장해야 하며, 동시에 우리의 연약함이 아닌 주님의 은혜를 내세워야 한다. 싸움의 방식은 우리를 위해 싸우시는 예수님의 뒤편으로 숨는 것이다. 우리의 소망은 후회나 불행, 의심이나 애통함이 전혀 없다는 데 있지 않고, 예수님께서 거기 계시는지에 달려 있다. "의심의 성이 철옹 같을지라도, 절망 거인과 싸우기 위해 오시는 이는 더욱더 강한 분이시다!"[22]

예수님께 간절히 매달릴 때, 우리는 스펄전이 말한 "복된 절망감"을 받아들이게 되는데, 이것이야말로 하나님께서 우리를 위해 친히 행하신 역사이다.

스스로 구원을 이룰 수 없다는 절망, 스스로 자기 죄를 씻어낼 수 없을 거라는 절망, 스스로의 공로로 하나님께 받아들여질 수 없을 거라는 절망 … 이런 절망이야말로 복된 절망이다, 하지만 나는 이것 외에 다른 절망들에 대해서는 … 그 어떤 것도 선하다고 말할 수 없다.[23]

그렇다. 윌리엄 쿠퍼가 친구이자 목회자인 존 뉴턴을 통해서 은혜의

---

22 Charles Spurgeon, "Christ Looseth From Infirmities(병약한 자들을 자유케 하시는 그리스도)," *MTP*, Vol. 56 (Ages Digital Library, 1998), 282.
23 Charles Spurgeon, "A Discourse for the Despairing(절망한 자를 위한 교훈)," *MTP*, Sermon 2379 (http://www.spurgeongems.org/vols40-42/chs2379.pdf).

선물을 발견했듯이, 우리도 그와 같은 선물이 필요하다. 우리가 지은 죄 때문에 하나님께 버림받은 것처럼 느끼든, 절망 때문에 그렇게 느끼든, "우리 하늘 아버지께서는 고통받는 자들에게" 자신뿐 아니라 "비슷한 시련을 겪은 사람들을 통해서도 얼마나 은혜롭게 위로와 격려의 말"을 보내 주시는지 모른다.[24]

스펄전의 세 가지 단호한 대응

영적 우울증이 일으키는 고통의 심각성 때문에, 스펄전은 세 가지 상황에서 강력한 변호인이자 강인한 목회자가 된다.

첫째, 스펄전은 고통받는 이들을 변호하면서, "예수님은 당신이 충분히 고통을 겪거나 스스로 나아져서 자격을 갖추기 전까지는 절대 찾아오지 않으십니다"라고 말하는 설교자들(자신을 포함)에 대해 단호하게 맞섰다. 스펄전은 자기 자신과 존 버니언[25], 그리고 다른 설교자들을 비판하면서 분명한 어조로 다음과 같이 말한다. "어렸을 때 제가 여러분에게 지금 하는 것처럼 명백하게 그리스도의 복음을 설교했더라면, 저는 결코 수렁에 빠진 채 살지 않았을 것이라고 확

---

24 Charles Spurgeon, "Means for Restoring the Banished(추방당한 자들의 회복에 필요한 방편)," *MTP*, Vol. 16 (Ages Digital Library, 998), 645.
25 존 버니언의 천로역정에서 복음 전도자(Evangelist)는 크리스천(Christian)에게 좁은 문(예수 그리스도)에 이르기 전에 절망의 늪을 통과해야 한다고 말한다. 스펄전은 여러 설교에서 이런 묘사는 존 버니언의 오류라고 여기며 이를 지적한다. "Prompt Obedience(신속한 순종)," *MTP*, Vol. 58 (Ages Digital Library, 1998), 414을 보라.

신합니다."²⁶ 그렇게 스펄전은 설교할 때마다 반복적으로 의심의 성과 낙심의 수렁에 떨어진 고통받는 사람들을 살아 계신 예수 그리스도와의 즉각적인 은혜의 만남으로 이끌었다.²⁷

둘째, 스펄전은 '혹시라도 누군가는 어딘가에서 행복을 누리고 있을지 모른다'라는 안 좋은 생각을 일부러 떠올리도록 의도적으로 우울한 감정을 일으켜 괴롭게 하는 종교인들을 강력하게 비판하면서 고통받는 사람들을 변호했다.²⁸ 그들은 하나님의 이름으로 사람들이 기쁨을 외적으로 표현하지 못하도록 하는 역할을 자임한다. 또한 밝고 기뻐하는 모습은 불경건하고 불의하다며 그릇된 정죄를 일삼아, 은혜로우신 하나님의 위로하시는 미소가 필요한 그들의 앞을 잔인하게 가로막는다.

셋째, 스펄전은 싸우기를 거부하는 영적 우울증을 앓는 사람들에게 접근하기 위해서, 드물긴 하지만 다른 류의 우울증 앓는 사람들의 감정을 다소 상하게 하는 위험을 감수하기도 했다. 이 점에 대하여, 필자는 스펄전의 설교 "A Call to the Depressed(우울증에 걸린 이들을

---

26 Charles Spurgeon, "The Free Agency of Christ(뜻한 대로 일하시는 그리스도)," *MTP*, Vol. 48 (Ages Digital Library, 1998).
27 예를 들어 다음과 같은 스펄전의 설교문을 보라, "The Believer Sinking in the Mire(수렁으로 가라앉는 신자)," *MTP*, Vol. 11 (Ages Digital Library, 1998), 360; "소망의 죄수(Prisoners of Hope)," *MTP*, Vol. 49 (Ages Digital Library, 1998), 431; "Soul Satisfaction(영혼의 만족)," *MTP*, Vol. 55 (Ages Digital Library, 1998), 192.
28 Joshua Wolf Shenk, *Lincoln's Melancholy* (Houghton Mifflin Harcourt, 2006), 87.

향한 요구)"를 읽기 전에 누구에게든 이 '특별한 동기와 의중'을 인지하고서 읽어야 한다고 주의를 주고 싶다. 그렇지 않으면, 스펄전의 어조와 표현이 다소 거칠게 느껴져서 자신에게는 아무런 도움이 되지 않는다고 여겨질 수도 있다. 스펄전은 이 특별한 설교를 응급 상황에서 이뤄지는 중증도의 외과 수술에 비유한다. 그는 자신의 설교가 낭떠러지 위를 걷는 것과 방불하다고 생각하는 것 같다. 설교 도중, "아마도 여러분은 이 설교가 자신에게 도움이 되기는커녕 훼방거리처럼 여겨질 수도 있습니다. 그리고 여러분은 자유로움보다 더 큰 속박감이 느껴질 수도 있습니다"라는 말로 이를 인정한다.[29] 그러나 그는 계속해서 자신이 평소 사용하지 않는 말로 설교를 이어 간다. "제 말이 조금 날카로워서 여러분의 마음을 찌를 수도 있습니다. 그렇게 느껴질지라도 저는 혼수 상태에 빠진 여러분을 깨울 생각입니다."

하지만 설교가 진행되면서 스펄전은 자기 어조에 담긴 날카로움을 감지하고서, 어쩌면 후회하는 듯 점차 누그러진 모습을 보인다. 그는 "이보다 더 나은 방법이 있는 것 같습니다"라고 말하며, 설교의 마지막 부분에 이르러 평소 설교했던 대로, 복음의 소망을 전하고 은혜를 구하며 경험을 공유하기 위해 자신이 겪은 고통을 이야기하기 시작한다. 그는 청중들에게 다음과 같은 내용을 상기시키며 설교

---

29 Charles Spurgeon, "A Call to the Depressed(우울증에 걸린 이들을 향한 요구)," *MTP*, Vol. 60, 540.

를 마무리한다. "지금까지 여러분이 빠져 있던 것과 동일한 상황 가운데 있는 이들을 찾아보십시오. 그리고 그들을 지극히 온유한 마음으로 대해 주십시오. 짐승들의 울음소리 가득한 광야를 건넌 자들로서, 그들의 처지가 어떠한지 누구보다 잘 알고 있을 테니 말입니다."[30]

우리는 이 스펄전의 설교에서, 그가 이 쉽게 규명할 수 없는 슬픔에 불완전하게나마 어떻게든 도움을 주려고 하는 아주 인간적인 모습을 볼 수 있다. 타인을 돕고자 하는 그의 간절하고 연약한 시도 속에서, 우리는 우리 자신의 모습을 돌아보게 된다.

이제 무엇을 해야 하는가?

우리가 지금껏 나눈 이야기를 통해 알게 된 것은 다음과 같다. 만약 '과학적 사고방식과 영적 사고방식' 양쪽 모두 "다른 하나의 설명을 희생시키면서 한 가지 설명만을 고수하여"[31] 우울증에 접근하려는 유혹을 느낀다면, 스펄전은 이 유혹에 저항할 것을 권고했다는 것이다.

목회자나 신앙 상담사, 그리고 우울증을 앓는 이들의 친구들은 우울

---

30 위의 책, 542.
31 Richard Winter, *Roots of Sorrow: Reflections on Depression and Hope* (Eugene, Oregon: Wipf & Stock Publishers, 2000), 34.

증에 대한 의학적·심리학적·행동학적 실재성을 고려할 줄 알아야 한다. 반대로 의학적·치료적·심리학적·행동학적 돌봄을 담당하는 이들은 상황적이고 생물학적인 우울증에 영적인 면들이 기여하는 바를 간과해서는 안 된다.

이러한 범주들을 요약하자면, 상황적 요인, 화학적 요인, 영적 요인이라 할 수 있다. 이 세 가지는 각각 우울증이 무엇이고 그 종류에는 어떤 것들이 있는지 이해하는 데 도움이 된다.

우울증으로 고통받았던 한 시인이 우리에게 찬송 시 한 편을 남겼다. 그의 기도가 우리 자신의 기도일 수 있다.

임마누엘의 하나님, 우리 여기 있사오니 치료하소서
주님의 손길을 느끼길 원하옵나니
상처 깊은 영혼, 주님께 나아갈 때 치료하소서
구세주여, 우리는 그런 존재이로소이다

한때 두려워 떨며
구원에 간절하던 자를 기억하소서
"주님, 내가 믿나이다."
그가 울며 간구하였나니
"믿음 없음을 도우소서."

혼잡한 무리들 속에서
주님을 만져
치유의 효능을 훔친 여인
그 여인에게 들린 답,
"딸아, 평안히 가라.
네 믿음이 너를 온전케 하였느니라."

그 여인과 같이 소망과 두려움으로 나아가
가능하다면 주님의 손길 원하오니
오, 우리를 절망의 처소로 보내지 마시고
그 누구도 치유받지 못한 채 내쫓지 마소서[32]

---

32 William Cowper, "Heal Us, Emmanuel(임마누엘 하나님, 치유하소서)," *Olney Hymns* (https://writingforfoodinindy.wordpress.com/2012/12/23/heal-us-emmanuel-by-william-cowper).

제2부

우울증으로 고통받는 이들을 돕는 방법

5장
진단이 곧 치료는 아니다

 특히나 슬픔에 빠져 있는 하나님의 자녀들을 쉽게 판단하지 마십시오. 어려움에 처한 사람들, 가난한 사람들, 낙심한 사람들에게 어떤 편견 어린 의심도 품지 마십시오. 그들에게 좀 더 용맹하게 행동하라고 하지도 말고, 이전보다 큰 믿음을 발휘하라는 식의 성급한 발언도 삼가십시오. "왜 이렇게 신경질적이고 말도 안 되는 두려움에 차 있는 거야?"라고 묻지도 마십시오. 그렇게 하면 안 됩니다. … 제발 간청하건대, 여러분은 여러분의 동료에 대해 온전히 이해하고 있지 못하고 있음을 기억하십시오.[1]

어떤 일들은 결코 완전히 극복하지 못한다. 겪어 내거나 안고 살아갈 수는 있어도, 완전히 떨쳐 버리지는 못하는 일들이 있다.

---

1 Charles Spurgeon, "Man Unknown to Man(무명한 사람)," *MTP*, Vol. 34, Sermon 2079, 〈http://www.spurgeongems.org/vols34-36/chs2079.pdf〉.

누군가 "불이야!"라고 소리치는 소름 끼치는 장난으로 많은 이들의 목숨을 잃은 사건이 있고서 25년의 세월이 흐른 후, 스펄전이 침례교 연합회(Baptist Union) 모임 기간에 수많은 청중에게 설교를 할 참이었다. 이제는 나이가 들어 어느덧 중년이 된 그는 경험도 많고 이름도 널리 알려진 목회자였다. 이미 자리가 만석이었지만, 수백 명의 사람들이 계속 밀려들어 왔다. 스펄전은 강단 위로 걸어 올라갔다. 그러나 완전히 주눅이 들어, 처진 머리를 손으로 떠받쳤다. 왜 그랬을까?

이 상황은 너무나도 분명히 '서리 뮤직홀(Surrey Music Hall)'에서의 끔찍한 장면을 떠올리게 했다. 그로 인해 설교가 거의 불가능할 것 같았다. 그러나 그는 설교했다. 그것도 아주 훌륭하게 해 냈다. 비록 "신경 계통의 불안을 완전히 회복할 수는 없었"지만 말이다.[2]

스펄전은 오늘날 '플래시백(flashback)'이라 부를 수 있는 경험을 했다. 전혀 그렇지 않은 순간임에도, 위험천만했던 어느 과거의 한 시점이 떠올랐다. 그 순간이 기억 속 다른 사건처럼 느껴지고, 몸과 마음은 트라우마 반응을 유발했다. 심지어 설교를 은혜롭게 성공적으로 마쳤음에도 신경 계통의 불안을 완전히 회복할 수는 없었다. 25년의 세월이 흘렀지만, 그는 아직도 과거에 있었던 트라우마로 고통

---

2 Charles Spurgeon, *C. H. Spurgeon's Autobiography*, Chapter 50, 234.

을 당하고 있었던 것이다. 25년의 세월이 흘렀음에도….

이처럼, 상황적·생물학적·영적 우울증을 진단하는 일은 우리에게 도움을 주긴 한다. 그러나 그 진단이 우리에게 닥친 어려움을 해결해 주지는 못한다.

편견 어린 의심은 여전히 남아

이러한 치료의 더딤이나 아예 진전이 없다는 이유로, 우울증을 앓는 이들은 매일 비난의 목소리들에 맞서야 한다. '이제는 좀 극복해야 하는 것 아닌가?'라는 생각이 들기 때문이다.

이 비난은 스펄전이 '편견 어린 의심(ungenerous suspicions)'이라고 부른 것에서 비롯되는데, 이는 많은 사람이 우울증을 앓는 사람들을 향해 마음속으로 품고 있는 것이다. 많은 사람의 눈에, 심지어 기독교인들의 눈에도 우울증은 겁이 많거나, 믿음이 없거나, 태도가 나쁘다는 것을 의미하곤 한다. 그와 같은 사람들은 하나님께 기도할 때, 혹은 주변 친구들에게 이렇게 말한다. 우울증을 앓는 사람들은 거짓으로 우울증 환자인 척한다고, 바보같이 생각한다고, 영적이지 못한 사람일 거라고…. 그들은 우울증을 앓는 이들에게 용기를 북돋아 주겠다며 코치하려 하거나, 거짓말을 드러내기 위해 일부러 수치심을 안기거나, 혹은 성경 말씀을 인용해 그들의 믿음을 뒤흔든다. 또 '논리'를 사용하여 우울증을 앓는 사람들이 느끼는 두려움이 얼마나 터무니없는지를 보여 주고 증명하려 들면서 그들을 설득하려 든다.

이러한 책망의 어조를 선택한다는 것은 그들이 자신의 동료를 제대로 이해하지 못하고 있음을 증명한다. 그들 중 일부는 분노가 치밀어 오르는 순간이 되어서야 겨우 자신의 몰이해를 인정한다. 목청껏 혹은 작은 소리로 흐느끼며 "너를 도무지 이해하지 못하겠어!" 혹은 "이건 말이 안 돼"라고 외친다. 그런 사람들은 통제력의 부족으로 인해, 상황을 호전시키기 위하여 성급하게 의심·판단·비난 혹은 엉뚱한 영적 교훈 등의 도구를 사용하는 방식으로 선회한다. 그러나 이런 도구들로는 이런 종류의 고통스러운 문제를 제대로 다루지 못할 게 뻔하다. 다시 말해 그들은 망가진 난로를 헛되이 계속 걷어차기만 하면서 다시 그 기능이 살아나길 바라는 것과 같을 뿐이다. 그러한 분풀이로는 아픈 다리와 상처 입은 친구 말고는 아무런 결과를 얻을 수 없다.

그렇다면 그들을 이해하는 데 도움을 줄 수 있는 것들은 무엇일까? 스펄전의 다음 이야기가 도움을 줄 수 있을 것이다.

우울증은 일종의 정신적 관절염

스펄전이 우울증에 관한 설교를 하자 우울증에 고통받는 사람들이 수많은 편지를 보내기 시작했다. 그는 마치 "갑작스럽게 새로운 환자를 인도받은 의사"[3]가 된 것 같았다. 우울증을 겪은 경험뿐만 아니라 목회자로서 얻은 경험을 바탕으로, 그는 자신이 배운 바를 다른 이들과 나누었다.

스펄전에 따르면, 진부한 몇 마디의 말과 성급한 해결책은 별 도움이 되지 않는다. 우울증에 고통받는 대부분의 사람에게는 "소망 어린 말 한마디나 한 첩의 약은 아무런 효과가 없다. 자신들의 슬픔을 터놓고 이야기하며 위로를 얻기 위해서는 기나긴 과정이 필요하다." "손쉬운 접근법이나 경솔한 말"이 일궈 낼 수 있는 일은 없다. 그저 수없이 공감해 준다 한들 아무런 도움이 되지 못한다. 요컨대, 우울증은 우리에게 "인간의 능력에는 한계가 있으며 … 고통이 영혼 속으로 깊이 파고들 때 오직 하나님만이 그것을 제거하실 수 있다"[4]라는 것을 일깨워 준다는 것이다.

우리는 돌봄의 사람으로서든, 고통을 겪는 사람으로서든 각자의 취약성을 인정해야 한다. 스펄전은 언젠가 '우울증과 관련된 몇 가지 가슴 절절한 사례'를 접했던 때를 언급하며, 그때 자신도 정신적으로나 감정적으로 나락에 빠지기 시작했다고 말한다. 그는 이렇게 묻

---

3   Charles Spurgeon, "A Stanza of Deliverance(해방의 시)," *the Metropolitan Tabernacle Pulpit*, Vol. 38 (Ages Digital Library, 1998), 65.
4   위의 책, 65.

는다. "그럴 경우에 우리는 어떻게 해야 할까요? 이 슬픔에 잠긴 사람들에게서 도망쳐야 할까요? 그러면 안 됩니다!"

은혜가 그들의 소망을 붙들어 주도록 해야 한다. 그렇지 않으면 우리 역시 "오래지 않아 햇빛이 사라져 버린 것 같은 기분을 느낄 것이다."[5] 고통을 겪는 사람, 이를 도우려는 사람 모두 이러한 상황에서 느끼는 무력감에 짓눌릴 수 있으며, 심지어 그것에 대한 죄책감과 수치심을 느낄 수도 있다. 때때로 원인이 무엇인지 알 수 없고, 즉각적으로 치료할 수도 없으며, 아예 치료가 불가능한, 말로 다할 수 없는 고통스러움이 어쩌면 '우리는 하나님이 아니며 이 땅은 천국이 아니라는 사실'을 유일하게 일깨워 주는 경험일지도 모른다.

마찬가지로, 병원에 가서 진료 결과를 들으려고 대기하고 있을 때도 정말 힘들고 앉아 있기조차 어렵다. 지친 몸에, 바늘에 찔려 가며 온갖 필요한 검사를 다 했음에도 불구하고 의사는 결국 이렇게 말한다. "죄송하지만, 저희도 원인을 잘 모르겠습니다." 그렇다면, 폭격을 맞아 폐허가 된 듯한 마음속 어딘가에 숨어 있는 고통이 우리를 계속해서 공격해 댈 때는 그보다 얼마나 더 견디기 힘들겠는가?

이런 현실에 대하여 스펄전은 '가장 현명한' 조력자들과 힘을 합친

---

5   Charles Spurgeon, "Fever and Its Cure(열병과 치료)," *MTP*, Vol. 36 (Ages Digital Library, 1998), 796.

다. 그들은 "심각한 우울증은 하룻밤 사이에 사라지지 않는다는 냉혹한 진실"[6]을 결코 부인하지 않는 이들이다. 우울증은 오히려 "일종의 정신적 관절염"[7]으로 여기는 것이 가장 좋다. 다른 슬픔들과는 달리, 이 슬픔은 우리에게 악성 인내심을 심어 놓는다. 종종 이 고통을 겪는 우리는 이 고립된 섬에서 즉각 구조받을 수 없는 경우가 다반사이다. 오히려 우리는 그 섬에서 생존하는 데 필요한 은혜의 기술을 학습해야 하며, 그 처한 조건 속에서 잘 살아간다는 것이 무엇을 의미하는지를 고민하며 삶을 조정해 나가야만 한다.

그런데 왜 '진단'은 문제를 해결해 주지 못할까? 물론 고통을 겪는 사람들은 진단을 통해 자신을 괴롭히는 병에 대한 지식을 얻는 데 도움을 얻을 수 있다. 이러한 진단이 그들을 안심시킬 수도 있고, 돌보는 사람들과 주변 친구들이 그에게 어떤 실제적이고 힘든 상황이 일어났는지를 이해하는 데 도움을 주기도 한다. 하지만 왜 그런 진단이 병을 완치하는 역할을 다하지 못하는가? 하나의 비유가 우리의 이해를 도울 수 있겠다.

남편과 아내는 서로의 사랑에 대한 욕구로 따져 보아 '우리는 사랑이 부족해'라고 진단할 수 있다. 하지만 그 진단 자체가 문제를 해결

---

6 William Styron, *Darkness Visible: A Memoir of Madness* (New York: Vintage Books, 1992), 11.
7 David Karp, "An Unwelcome Career(환영받지 못한 경력)," *Unholy Ghost: Writers on Depression*, ed., Nell Casey (New York: HarperCollins, 2001), 148.

하는 것은 아니다. 자신들의 욕구에 대해 '사랑 부족'이라는 라벨을 붙여 인지할 수 있게 한 것에 불과하다. 우울증을 진단하는 것도 이와 같은 이치다. 진단은, 라벨을 붙일 수는 있어도 고통을 해결하지는 못한다. 고통을 해결하지 못하는 이유에 대해 좀 더 자세히 알아보자.

알 수 없는 원인과 함축적 언어

첫째, 진단을 아무리 잘해도 진짜 원인이 숨어 있는 경우가 많기 때문에 치유가 쉽게 이루어지지 않는다. 스펄전은 다음과 같이 말한다. "일종의 정신적 암흑으로서, 그 속에서 불안과 당혹감, 걱정과 괴로움을 경험합니다. 아마도 그것은 어떤 실체에 대한 것이 아닐 수도 있습니다."[8]

다윗왕이 자신에게 "내 영혼아 네가 어찌하여 낙심하며 어찌하여 내 속에서 불안해하는가"(시 42:5, 11; 43:5)라며 부르짖었듯이, 우리도 실제 존재하지 않는 그릇된 정보를 보고서 상상의 원인을 찾으려고 애쓰며 스스로 논쟁한다. 어떤 사람은 자신이 "왜 그렇게 우울한지 이유를 모르겠다"라며, "누군가 이 절망감의 원인을 분명히 말해 줄

---

8 Charles Spurgeon, "Night and Jesus Not There!(밤, 그리고 그곳에 아니 계신 예수님!)" *MTP*, Vol. 51, 457.

수 있다면 좀 더 쉽게 우울증을 극복할 수 있을 것"이라고 말한다.[9]

둘째, 적절한 언어를 찾지 못해서 치유가 쉽게 이루어지지 않는다. 윌리엄 스타이런(William Styron)은 *Darkness Visible: A Memoir of Madness*(눈에 보이는 어둠: 광기의 회고록)에서 "그러한 오래된 고통"은 종종 "말로 다 표현할 수 없는" 것이라고 진술한다.[10] 우울증을 앓는 사람들은 자기 고통에 대해 적절한 언어를 찾을 수 없고, 동시에 도우려는 사람들은 "일상의 경험과는 너무나 이질적인 그 고통의 형태를 상상해 낼" 능력이 전혀 없다.[11] 이런 경우는 마치 지하의 밤 동굴 속에서 작은 성냥불을 들고 있는 것과 같다. 불빛은 너무나 희미한데, 어둠은 너무나 짙은 상황이다.

종합해 보면, 우리의 말에는 한계가 있다. 암이라는 진단을 받으면 '암'이라는 단어를 사용하여 그에 따라 여러 가지를 이야기하고 대처할 수 있게 해 준다. 하지만 그것의 이름을 붙인다고 해서, 우리가 일상에서 감당해야 할 의무나 살면서 관계 맺어야 할 친구들이 사라지는 것은 아니다.

---

9   Charles Spurgeon, "Binding Up Broken Hearts(상한 심령 감싸주기)," *MTP*, Vol. 54, 491.
10 William Styron, *Darkness Visible: A Memoir of Madness*, 16–17.
11 위의 책.

 제대로 아파본 사람이라면, 질병에 대한 사람들의 내성이 낮다는 것을 누구나 알고 있습니다. 일단 회복하는 속도가 더뎌지면 상황은 완전히 변합니다. 연민과 돌봄은 부담으로 바뀌고, 약해진 상태는 미숙함으로 여겨지게 되지요. 우울증과 같은 불분명한 면이 있는 질병일 경우, 사람들은 이를 개인의 성격적 결함처럼 취급하기도 합니다. 말하자면 게으름·무능력·이기주의·자아도취 등으로 취급한다는 것이죠.[12]

스펄전은 사람들의 이런 태도를 다음과 같이 말한다. "친구들은 여러분이 과민하다 말하고서 그것을 전혀 의심하지 않습니다. 그것이 상황을 바꾸지 못하는데도요."[13]

요컨대, 다음의 사실을 꼭 기억하라. '우울증'과 같은 진단적 용어는 도달해야 할 목적지가 아니라 초청장인 셈이다. 일단 그 말을 꺼냈다면, 그 사람과의 여행이 끝난 것이 아니라 시작된 것이다.

진단이 능사가 아니다

그런데 그 이유가 무엇인가? 우울증을 대하면서 '초청장'이 아닌 '목

---

12 Meri Nana-Ama Danquah, "Writing the Wrongs of Identity(정체성의 해악에 대한 기록)," *Unholy Ghost: Writers on Depression*, ed., Nell Casey (New York: HarperCollins, 2001), 176.
13 Charles Spurgeon, "Fainting(쇠약해짐)," *MTP*, Vol. 49 (Ages Digital Library, 1998), 9.

적지'를 묘사하는 말로 사용하게 되면, "다양한 고통을 겪는 이들을 드러내기보다 하나의 라벨로 덮어 감추는 경향성을 갖게 된다."[14] 그 결과, 우리는 그들을 개별적인 모습 그대로가 아닌 일반적인 대상으로 대하기 시작한다.

밥(Bob)과 줄리(Julie)라는 이름을 가진 수많은 사람들이 모두 같은 이름을 공유하고 있다 하더라도, 그들의 성격은 천차만별이다. 마찬가지로 '우울증'이라는 같은 진단을 받았다 할지라도 각 개인은 그 수만큼이나 다양한 특징을 갖고 있다. 마치 눈송이처럼 비슷한 질감과 모양으로 식별된다고 할지라도, 모든 우울증이 동일하지는 않은 것이다. "각 사례는 각자의 고통만큼이나 다양하다."[15] 이 말은 "어떤 사람의 만병통치약이 어떤 사람에게는 덫에 불과하다"[16]라는 뜻이다.

만약 우울증을 앓고 있는 사람들이 우리가 자신들을 하나의 범주로 본다는 사실을 우연히 알게 된다면, 그들은 우리의 시각을 완전히 불신하게 될 것이다. 물론 처음부터 그렇지는 않을 것이다. 처음에 이름을 붙이는 것과 범주화하는 것은 그들에게 낭만적인 소망을 품게 한다. 그들은 대개 실체가 없더라도 안도감을 얻길 간절히 원하기 때문이다. 하지만 얼마 지나지 않아 이름을 붙이는 것이 치유를

---

14 Meri Nana-Ama Danquah, "Writing the Wrongs of Identity(정체성의 해악에 대한 기록)," *Unholy Ghost: Writers on Depression*, 245.
15 Rose Styron, "Strands(밧줄)," *Unholy Ghost: Writers on Depression*, 137.
16 William Styron, *Darkness Visible*, 72.

일으키지 못한다는 사실을 알게 된다. 이름을 붙이는 것보다 강력한 치유책이 적용되어야 한다. 오랫동안 우울증을 앓아 왔던 이들은 더 이상 카테고리 분배자에 불과한 사람을 돌보는 사람으로서 신뢰하지 않는다.

리처드 윈터(Richard Winter) 박사에 따르면 "현실적 소망이 없이는 모든 것을 잃어버린 것이나 다름없다." 현실적 소망은 "우울증과 절망이라는 암흑을 벗어나는 문"[17]이다. 우리의 소망이 그저 진부한 것이라면, 사람들이 제시하는 모든 해답에 실망해 오며 오랫동안 고통 속에 있던 이들은 우리가 제시하는 소망을 금세 공허한 것으로 간파하고 말 것이다.

우리는 무엇을 배우는가?

1. **우울증을 앓는 사람에게는, 한동안 원인과 치료법이 잘 보이지 않을 수 있다.** 이와 관련해 스펄전은 이렇게 분명히 말한다. "여러분의 주변은 온통 삶의 안락함으로 둘러싸여 있을 수 있습니다. 그러나 여러분의 영혼이 짓눌려 있다면, 여러분은 죽음보다도 더한 우울로 인해 비참한 상태에 빠집니다. 어떤 종류의 슬픔이든 외적 원인을 찾기 힘들 수 있습니다.

---

17   Richard Winter, *Roots of Sorrow*, 292.

그런데 만약 그 마음이 낙심하는 데까지 이른다면, 아무리 밝은 햇살도 당신의 우울함을 덜어 주지 못할 것입니다. 그와 같은 때에 여러분은 근심으로 괴로워하고, 두려움에 사로잡히며, 주의를 산만하게 하는 것들에 의해 겁을 먹게 될 수도 있습니다."[18]

2. **돌보는 사람에게는, 분명 누군가를 돕는 힘이 있다. 하지만 그 힘에는 한계가 있다.** 때로는 하나의 문제를 해결하려고 하지만, 그 문제가 사라지면 이내 다른 문제가 그 자리를 차지했다는 사실을 깨닫게 된다. "당신은 마치 계속 자라나는 히드라의 머리를 잘라 내는 헤라클레스가 된 것 같은 기분일 것이다. 절망감에 임무를 포기할지도 모른다. … 위안을 주려고 노력할수록" 상황이 더욱 나빠질 수도 있다.[19]

결론적으로, 우리는 겸손히 우리의 연약함을 인정해야 한다. 우리는 전지(全知)하지 않다. 모르는 것투성이다. 바울이 깨우친 바대로 우리는 하나님과 사람, 세상을 희미한 거울로 보는 것과 같은 존재들이다. 언제나 부분적으로 희미하게 바라볼 뿐이다(고전 13:12).

18　Charles Spurgeon, "The Frail Leaf(여린 잎사귀)," *MTP*, Vol. 57.
19　Charles Spurgeon, "The Comforter(위로자)," *NPSP*, Sermon 5, *The Spurgeon Archive* (https://www.spurgeon.org/resource-library/sermons/the-comforter/).

이 점에 대해, 스펄전은 우리가 아무리 작을지라도 선명하게 볼 수 있음에 항상 감사해야 하는 것을 목표로 삼아야 한다고 상기시킨다. 이로써 "우리의 자만심을 견제할" 수 있기 때문이다. 그는 "우리가 아는 것은 부분적일 뿐"이라고 말한다. 그러니 "사랑하는 이들이여, 바라보는 대상은 저 멀리 있고, 우리는 저 멀리 볼 수가 없는 존재임"[20]을 인정하라.

'현실적인 소망'은 우리가 우울증을 설명하려는 시도를 포함해 우리의 제한된 시각 능력을 애초부터 인정하라고 가르친다. 여기에는 교만함이 들어설 자리가 없다. 이 특별한 우울의 순간보다 '더 큰 이야기'에서 흘러나오는 은혜가 우리를 이끌도록 해야 한다.

은혜의 지팡이를 짚고

다리가 불편한 사람에게 지팡이가 생기면, 그는 누가 지팡이를 주었는지, 혹은 자기가 왜 도움이 필요한지 굳이 알 필요 없이, 지팡이의 도움을 받아서 꽃이 만발한 정원을 산책할 수 있다.

우울증으로 고통받는 수많은 우리 동료들은 왜 그토록 어둠이 자신을 괴롭혔는지 그 이유를 정확히 알지 못했음에도 불구하고 선한 삶

20　Charles Spurgeon, "Now and Then(지금과 그때)," *MTP*, Sermon 1002, *The Spurgeon Archive* (https://www.spurgeon.org/resource-library/sermons/now-and-then/).

을 살아 냈다. 그 이유를 알면 물론 감사할 수 있지만, 이유를 모른다 해도 역시 감사하는 법을 배우고, 지팡이에 의지하여 절뚝거리며 걸을 수 있다. 어쨌든 우리 시야 너머에 있는 은혜가 우리를 명확히 보고 있다. 그 은혜로 말미암아 우리가 감당할 수 없는 무게를 능히 감당할 수 있는 것이다.

그렇다면 우리는 치료법과 원인, 심지어 어떤 위안도 발견할 수 없는 극도로 무능력한 조건의 한복판에서, 어떻게 하나님께서 허락하시는 은혜의 지팡이에 대해 말할 수 있을까? 이런 유형의 신앙적 나눔은 '비현실적 소망'이라는 진부하고 해로운 관념만 더 심화시키는 것은 아닐까?

6장
슬픔을 위한 언어

지금 이 말을 힘겹게 설명하고 있는 저는 내면의 깊은 고통에 대해 차마 입 밖에 내지 못할, 혹은 감히 말하고 싶지 않을 만큼 더 많은 것을 알고 있습니다. … 두려움이 제게 밀려와, 바람처럼 저의 영혼을 뒤쫓습니다.[1]

제인 케니언(Jane Kenyon)의 놀라운 시, "Having it Out with Melancholy(우울함과 담판 짓기)"에는 우울증 및 우울증을 극복하려는 우리의 노력에 관한 두 가지 '하나님'에 대한 문제를 다음과 같이 제기한다. 첫째, 우울증은 우리에게 "감사한 삶을 살지 말라"라고 가르치기 때문에 '하나님을 향한 태도'를 망가뜨리며, "지상의 즐거움이 너무 과대 평가되어 있다"라는 이유로 우리의 존재 목적이 "그저 죽음을 기다리는 것"이라고 대답하게끔 우리를 유혹한다.[2] 둘째, 우울증은 주변

---

1 Charles Spurgeon, "Psalm 88(시편 88편)," *The Treasury of David*, *The Spurgeon Archive* (https://gracegems.org/Spurgeon/088.htm).
2 Jane Kenyon, "Having it Out with Melancholy(우울함과 담판 짓기)" *Jane Kenyon: Collected Poems* (Saint Paul, Minnesota: Grey Wolf Press, 2005), 231.

친구들에게 다음과 같은 충고를 하라고 유혹한다. "네가 정말 하나님을 믿었다면 우울증에 걸리지 않았을 거야."[3]

케니언이 말한 가슴 아픈 진실에서 우리가 배워야 할 교훈은 무엇인가? 그것은 바로 우울증으로 고통받는 사람들과 교제하는 법을 하나님의 방식으로 다시 배워야 한다는 것이다. 그러므로 이번 장에서는 하나님께서 고난의 때에 우리에게 가르치시는 은혜로운 언어에 관하여 탐구해 보려 한다. 그리고 그다음으로는 하나님의 이름을 빙자하여 유익이 아닌 해를 끼치는 도움에는 어떤 것들이 있는지를 살펴볼 것이다.

슬픔에 빠져 고통당하는 이들에게 하나님께서 가르치시는 '은혜의 말'에 관하여 이야기를 시작해 보자. 이것을 통해 우리는, 하나님을 향한 우리의 태도가 마치 파선되어 망망대해를 헤매는 듯할 때조차도, 우리를 향한 그분의 태도는 매우 인자하시다는 것을 보게 될 것이다.

성경은 그들을 위해 은유를 사용한다

우울증을 앓는 이들은 은유를 많이 사용한다. 앤드루 솔로몬(Andrew

---

3 위의 책, 232.

Solomon)은 그 이유에 대해 이렇게 설명한다. "우울증을 잘 모르는 사람에게 이 병은 거의 상상 불가능한 현상"이기에, 우울증을 진단할 때는 "은유에 의존"한다.[4]

그러면서 솔로몬은 우울증에 대하여 일반적으로 사용하는 은유로는 '절벽 위에 서 있기'나 '심연으로 떨어지기' 등이 있다고 말한다. 윌리엄 스타이런도 이와 비슷하게 물에 빠지거나 질식하는 이미지를 통해서 자신이 경험한 역경을 묘사하려 한다. 당신은 어떤 은유를 주로 사용하는가?

스펄전도 이와 별반 다르지 않다. 스펄전에 따르면, 여러 종류의 우울증은 사람을 "황량한 사막의 횡단자"처럼 만든다.[5] 우울증을 앓는 사람은 여러 해의 "겨울"을 견뎌 내고 있으며,[6] "포도즙 틀 속에서 밟혀 으깨진 포도송이" 신세 같고, "안개가 자욱한 날"로 접어들거나 "허리케인에 갇힌" 듯 폭풍우의 한가운데에 서 있음과 같다.[7] 머리 위로는 "바다의 파도가 끊임없이 몰려왔다 나가기를 반복한다."[8]

---

[4] Andrew Solomon, *The Noonday Demon: An Atlas of Depression* (New York: Scribner, 2003), 499.
[5] Charles Spurgeon, "A Call to the Depressed(우울증에 걸린 이들을 향한 요구)," *MTP*, Vol. 60, 542.
[6] Charles Spurgeon, "Sweet Stimulants for the Fainting Soul(쇠잔한 영혼을 위한 달콤한 자극제)," *MTP*, Vol. 48 (Ages Digital Library), 578.
[7] Charles Spurgeon, "All Day Long(기나긴 나날)," *MTP*, Vol. 36 (Ages Digital Library), 433.
[8] Charles Spurgeon, *Faith's Checkbook* (Ages Digital Library), 4.

"어두운 지하감옥"[9]에서 "두려움에 휩싸인"[10] 이들과 같고, "고통·연약함·슬픔 등이 쌓이고 쌓인 상태로 화롯가에 앉아 있는"[11] 이들, "추위와 무감각에 덮여 어둠 속에 앉아 있는 이들, 죽음이 살금살금 다가와 덮치려는 이"[12]와도 같다. 또한 이 "오랫동안 이어진 역경의 싸움"[13]에서 구원받기를 위해 울부짖는 "숨이 턱 끝까지 차오른 전사"요, "가련하고 기력이 다한 군인"[14]과도 같다.

역사가 스탠리 잭슨(Stanley Jackson)은 자신의 책 *Melancholia & Depression: from Hippocratic Times to Modern Times*(우울함과 우울증: 히포크라테스 시대부터 현대까지)에서 은유를 필수적으로 사용해야 하는 이유에 관하여 기술했다. 잭슨은 우리의 다양한 슬픔과 그에 따른 우울 및 심기의 변화를 적절하게 묘사할 수 있는 '문자적 진술', 혹은 단 하나의 진단명도 찾지 못했다. 대신 발견한 것은 반복적으로 나타나는 두 개의 언어적 이미지(word-picture)였는데, 그 두 가지는 바로 "암흑 속에 있는 상태와 무겁게 짓눌린 상태"[15]였다.

---

[9] Charles Spurgeon, "The Frail Leaf(여린 잎사귀)," *MTP*, Vol. 57, 590.
[10] Charles Spurgeon, "The Shank Bone Sermon: Or, True Believers and Their Helpers(정강이뼈 설교: 참 신자와 그 조력자)," *MTP*, Vol. 36 (Ages Digital Library), 252.
[11] Charles Spurgeon, "Faintness and Refreshing(기력의 쇠함과 회복)," *MTP*, Vol. 54, 592.
[12] Charles Spurgeon, "A Discourse to the Despairing(절망하는 이들에게 주는 교훈)," *MTP*, Vol. 40 (Ages Digital Library), 616.
[13] Charles Spurgeon, "Faint, But Not Fainthearted(지쳤으나 낙심하지 않으리)," *MTP*, Vol. 40, 23.
[14] Charles Spurgeon, "The Fainting Warrior(기력이 다한 전사)," *NPSP*, Vol. 5 (Ages Digital Library), 145-6.
[15] Joshua Shenk, "A Melancholy of My Own(나만이 겪은 우울증)," *Unholy Ghost: Writers on Depression*, ed. Nell Casey (New York: HarperCollins, 2002), 249에서 인용.

스펄전은 자신보다 먼저 성경 자체가 은유와 직유를 활용하고 있었음을 발견했다. 성경 이곳저곳을 살펴보니 믿음의 사람들이 자신의 내적 조건을 '웅덩이', '수렁', '죽음의 그늘', '스올', '무덤', 우리를 통째로 삼켜 버릴 만한 '큰물' 등으로 묘사하고 있었다. 시편 기자가 특히 그런 언어를 꽤 많이 사용하고 있다.

무릇 나의 영혼에는 재난이 가득하며 나의 생명은 스올에 가까웠사오니
나는 무덤에 내려가는 자 같이 인정되고 힘없는 용사와 같으며
죽은 자 중에 던져진 바 되었으며 죽임을 당하여 무덤에 누운 자 같으이다
주께서 그들을 다시 기억하지 아니하시니 그들은 주의 손에서 끊어진 자니이다

주께서 나를 깊은 웅덩이와 어둡고 음침한 곳에 두셨사오며
주의 노가 나를 심히 누르시고 주의 모든 파도가 나를 괴롭게 하셨나이다 (셀라)
(시 88:3-7)

은유는 우리 기도의 스승이 된다. 마음 깊은 곳에서 우러나오는 기도는 아래의 시편(기도) 내용과 방불해진다.

큰물이 나를 휩쓸거나 깊음이 나를 삼키지 못하게 하시며
웅덩이가 내 위에 덮쳐 그것의 입을 닫지 못하게 하소서 (시 69:15)

심지어 스펄전은 설교의 제목을 정할 때도 성경이 제공하는 슬픔과 관련한 은유를 활용하곤 했다. 그런 식으로 지은 설교 제목은 다음

과 같다. "여린 잎사귀"(욥 13:25),[16] "상한 심령"(잠 18:14), "쇠잔해진 영혼"(시 42:6),[17] "상한 갈대"(사 42:1-3).

성경도 예수님을 "슬픔의 사람(the man of sorrows)"이라 말한다(사 53:3). 그분은 육체의 가시(고후 12:7)로 인한 고통 속에서도 우리를 절대 포기하지 않으신다.

은유는 신비를 담아낼 수 있다

하나님께서 은유를 사용하신다는 것은 우리에게 어떤 의미를 줄까? 하나님께서 당신과 나에게 슬픔의 언어가 필요하기에 그 언어를 가르쳐 주시는 것이다. 우리에게 왜 그런 학습이 필요할까?

시인 웬델 베리(Wendell Berry)는 농작(農作) 시를 지을 때 농작이 이루어지는 지역에 어울리는 언어를 사용한 의도를 설명한 적이 있다. 누군가 자신의 시를 읽고서 그 시를 만들어 낸 지역을 방문하는 경우가 생긴다면, 그것은 시의 언어가 해당 지역 자체에 이질적(foreign)이지 않고 토속적(native)으로 느껴짐을 증명하는 것이 아니겠는가. 이것이 그의 의도요 목적이다.[18]

---

16 이 성경 구절에 관한 스펄전의 각색판이다.
17 위의 책.
18 Wendell Berry, "Notes from an Absence and Return(떠남과 돌아옴의 기록)," *A Continuous Harmony* (Washington, D.C.: Shoemaker & Hoard, 1972), 35-36.

마찬가지로, 성경에 기록된 하나님의 언어를 보면, 그 안에서 비참한 이들이 내적 고통의 지형에 이질적이지 않고 토속적이라고 인식할 만한 언어를 사용했음을 발견하게 된다. 그러면서 우리는 점차 이 고통의 지형을 직접 경험하여 아는 사람들처럼 말하고, 또 어떨 때는 말하기를 삼가기 시작한다. 그와 같은 말하기가 이루어지다 보면, 우리에게는 '현실적 소망'을 갖게 되는 기회가 생긴다.

은유가 우울증이라는 지형에서 토속성을 키울 수 있는 것은 다음과 같은 이유 때문이다.

1. 은유는 여지를 남긴다. 은유는 구석구석을 전부 아우르지도 않고, 모든 가능성을 이해하도록 만들지도 않으며, 하나부터 열까지 상세한 사항을 다 설명해 주지도 않는다. 그렇다고 단 하나의 가능한 해석만을 요구하지도 않는다. 우울증에 대해 이 모든 것을 하겠다고 제안하는 언어는 이내 당면한 상황에 대한 무지를 드러내기 마련이다.

2. 은유는 미세한 차이와 다양한 의미를 담을 수 있게 한다. 우울증을 겪는 사람들의 경험은 저마다 다 다르기 때문에 다양한 표현을 가능하게 한다. 틀에 박힌 산문이나 상투적인 표현이야말로, 우울증이 어떤 방식으로 사람을 망가뜨리는지에 대한 그들의 현실을 제대로 보여 주지 못한다.

3. 은유는 더 깊은 사유와 숙고를 요구한다. 앞서 살펴보았지만, 우울증의 조각들을 한데 모으는 작업에서 무엇보다 중요한 것은 목표 지향의 말보다는 정중한 초청의 말이다.

은유가 없으면, 우울증은 종종 우리가 가진 어휘의 미숙함을 드러낸다. 이는 우리의 조급함이나 신학 훈련 또는 의학적 선호로 인해 당연시되는 행복하거나 평범하거나 소소한 단어들에 대해 우리가 얼마나 편향되어 있는지 적나라하게 보여 줄 뿐이다. 또한 신앙적 대화나 우울증 앓는 사람을 돌보는 데 실패한 사례들에서 흔히 볼 수 있는 애통에 대한 냉혹한 편견만을 드러낸다.

이에 반해, 현실적 소망은 은유를 사용하는 것에 의존한다. 우울증을 앓는 이들은 은유를 통해 슬픔의 시를 짓고 우울함의 사전을 만든다. 현실적 소망은 우리에게 우리 주변의 많은 사람들이 겪는 "밀려드는 침울함," "휘감는 어둠," "중독된 기분," "뇌 속에 몰아치는 거센 폭풍우," "내적 파멸감" 속으로 들어가는 능력을 가르쳐 준다.[19] 그리하여 어둠을 대하는 우리의 언어는 이웃에게 도움이 되고, 이웃을 사랑하는 우리의 능력은 더욱 깊어진다.

은유를 활용하지 않는다는 것은, 골절된 뼈에 밴드만 붙이거나 내부

---

19 William Styron, *Darkness Visible: A Memoir of Madness* (New York: Vintage Books, 1992), 12, 14, 24, 38, 45.

출혈을 일으킨 사람의 몸에 국부용 세정제를 바르는 행위와도 같다고 할 수 있다. 우울증을 앓는 사람들은 불안의 숨 막히는 회색빛 숨결을 파스텔 톤의 그림으로 묘사하곤 한다. 그리고 이내 가시와 엉겅퀴가 뒤덮이면, 그들이 장식해 놓은 풍선 같은 말들(balloon words)은 그것들에 찔려 터져 버린다.

이 지점에서 캐슬린 노리스(Kathleen Norris)는 통찰력 있는 아이러니를 지적함으로써 우리를 깜짝 놀라게 한다. 그녀는 만약 계속 걸음을 뗄 수 있도록 적절한 길을 만들어 주는 말을 찾으려면 "차라리 그리스도인이 아닌 시인을 가까이 두는 편이 훨씬 낫습니다"라며 안타까워한다. 그러면서 "참 아이러니한 일이죠. 성경에는 그리스도인만의 고유한 현실을 만들어 내는 낯선 은유로 가득하기 때문입니다"[20]라고 꼬집는다.

때때로 우울증을 앓는 사람들은 그 안에 담긴 이 역설을 통해 가시처럼 찌르는 듯한 감정을 느낀다. 매일 성경을 읽으면서도 슬픔에 대한 은유라는 선물을 인식하지 못하는 사람들에게서 공감과 위안을 찾을 수 없는 역설의 가시 말이다.

이 비현실적 소망의 가시를 어떻게 하면 감소시킬 수 있을까?

---

20 Kathleen Norris, *The Cloister Walk* (New York: Penguin, 1996), 154-5.

1. **당신이 '고통 중에 있는 사람'이라면, 성경 속에서 자신의 경험을 묘사할 수 있는 은유를 찾아보길 권한다.** 마치 절친한 이가 은밀히 전해 준 선물처럼, 같은 고통을 호소하는 이가 이미 사용한 은유를 자기 것으로 삼아 보라. 성경 속에는 슬픔을 대변하는 시들이 가득하며, 그것은 하나님께서 당신의 고통을 충분히 잘 알고 계시고 깊이 공감하시며 당신과 재 속에 함께 앉아 계실 능력이 있음을 보여 주는 것이다. 이런 하나님의 은혜로운 방식을 받아들여 보라.

2. **당신이 '돌보는 사람'이라면, 인내심을 배우고 은유에 대한 이해도를 기르길 권한다.** 이미 쉬운 해답이나 해결책은 그리 유용하지 않으며 무미건조한 몇 마디 말이나 교훈은 상황을 호전시킬 수 없다는 점을 인정하지 않는가. 물론 그들을 위해 해 주려는 말 자체가 전부 유용하지 않다는 뜻이 아니다. 어떤 말은 엄청난 효능을 가져오기도 한다. 그런데 은유는 우리를 초청하여 "이것은 어떤 의미일까요?"라고 말하게 한다. 그런 질문을 던진 후에 듣고 배우는 것은 공감과 이해의 공유를 위한 초대장이자 가교로서의 역할을 한다.

우리의 슬픔을 위한 하나님의 언어

성경에 기록된 이러한 은유와 이야기의 역사 속에서, 낙심에 빠진 영혼들, 뇌의 기능을 잃어버린 사람들, 악마의 간계에 겁을 먹은 이들은 '더 큰 이야기'와 그에 걸맞는 언어를 부여받는다.

이 시점에서 우리가 이제껏 던져온 질문으로 돌아가 보자. 어떻게 하면 우리의 슬픔에 대해 잔인하거나 진부하지 않게, 그 속에서 하나님의 '더 큰 이야기'를 찾을 수 있을까? 스펄전에게 그것은 부분적으로 하나님의 언어가 우리의 역경을 제대로 이해하는 존재(a Being)를 밝히 드러내기 때문이었다. 만약 스펄전의 생각이 맞다면, 그리고 하나님께서 우리의 슬픔을 위해 언어를 주시는 은혜를 참으로 베푸셨다면, 현실적인 소망은 밤하늘 아래 밀물이 차오를 때 일렁이는 파도처럼, 희미하긴 해도 확실히 시야에 들어오기 시작한다. 그런 소망은 요동치다 사라진다. 마치 등대의 불빛이 천천히 회전하며 시야에서 사라지는 것처럼 말이다. 그러나 안개와 같은 모호함과 부재를 뚫고서 우리를 향해 끈질기게 나아와, 다시, 또다시 우리 시야에 들어온다. 밤 바다에 약속의 빛이 어른거리기 시작한다.

전에 고통받던 자들에게는 흑암이 없으리로다 …
흑암에 행하던 백성이
큰 빛을 보고
사망의 그늘진 땅에 저주하던 자에게
빛이 비치도다 (사 9:1-2)

하나님의 '더 큰 이야기'는 반드시 존재하며 그 안에는 슬픔의 언어가 담겨 있으므로 침울한 자, 고뇌하는 자, 어두운 길을 걷는 자, 깊은 밤에 거하는 자는 그 언어로 말할 수 있게 된다. 그런 신앙적 이야기는 잔인하지도, 진부하지도 않다. 그 이야기의 시작은 하나님의 긍휼을 드러내는 것으로 시작한다. 돌보는 사람이여, 하나님의 긍휼은 당신의 스승이다. 고통받는 이여, 하나님의 긍휼은 당신의 다정한 동지요 친구다. 하나님께 속한 슬픔의 언어가 당신을 돕도록 하라.

7장
해로운 도움

 어떤 이가 탄식하며 말합니다. "아! 제가 예전에 아무개 여사를 신경과민이라며 비웃곤 했었는데요. 그 괴로움을 직접 느껴 보니 제가 그분을 너무 매정하게 대한 것 같아 너무 미안한 마음이 듭니다." 또 다른 이가 탄식하며 말합니다. "아! 저는 예전에 아무개 씨가 늘 지나치게 우울한 마음 상태로 사는 걸 보고서 바보가 틀림없다고 생각했었는데요. 지금은 제가 똑같은 절망의 늪으로 가라앉고 있습니다. 오! 하나님, 그 사람에게 좀 더 온유한 태도를 보였어야 했는데 그러지 못했습니다!" 그렇습니다. 우리가 만일 그 감옥에 관하여 더 잘 알았더라면, 그곳에 갇힌 수감자를 훨씬 더 긍휼히 여겼을 것입니다.[1]

우리는 지금 하나님에 관한 물음을 던지고 있다. 사람들이 그런 하

---

[1] Charles Spurgeon, "A Troubled Prayer(고통당하는 기도자)," *MTP*, Sermon 741, *Christian Classics Ethereal Library* (http://www.ccel.org/ccel/spurgeon/sermons13.xiv.html).

나님에 관한 이야기로 툭하면 우리에게 매정하고도 진부한 조언을 던질 때, 우리는 어떻게 우리 슬픔을 하나님의 '더 큰 이야기' 속에 녹여 낼 수 있을까?

우리는 앞서, 성경 도처를 가득 채우고 있는 은유를 통해 주어진 슬픔의 언어를 찾아보며 이 질문에 답을 했다. 이제 하나님의 '더 큰 이야기'의 또 다른 부분에 관심을 기울여 볼 작정이다. 지금까지 그것에 대해 계속해서 암시해 왔지만, 이제 이 진리를 보다 상세히 살펴보자. 하나님은 우리 슬픔에 적합한 '은혜로운 언어'를 주셨을 뿐만 아니라, 스펄전이 깨달았듯이 우리에게 '해로운 도움'을 밝히 드러내심으로써 슬픔 가운데 있는 자들을 변호하신다.

가혹한 태도

스펄전에 따르면, "성미가 억센 사람들이 예민한 사람들을 매우 가혹하게 대하는 경향이 있으며, 그들은 정신적으로 매우 우울한 사람들에게 '솔직히 당신은 스스로 그 상태에서 벗어나야 한다'라며 거칠게 말하곤 한다."[2] 성미가 억센 사람이 우울증을 앓고 있는 사람에게 할 수 있는 말은 결국 "당찮은 말 좀 그만해! 스스로 노력을 더 해 봐!"가 전부인 것이다. 그러나 그가 하는 말은 "우울증을 앓는 사

---

2 Charles Spurgeon, "The Saddest Cry from the Cross(십자가에서 들리는 가장 슬픈 외침)," *MTP*, Vol. 48 (Ages Digital Library, 1998), 663.

람에게 할 수 있는 가장 잔인한 언사"이다. 도와주려 했다고 하지만, "고통을 더 보태 줄 뿐이다."³

사람들이 우울증을 조급하게 치료하려는 경향은 우리에게 무엇을 설명해 주는가?

> 1. **우리는 우울증을 앓는 사람들의 상황이 아닌 자신이 처한 상황에 따라서 그들을 판단하곤 한다.** "여러분 중에 상당수의 사람이 대단한 믿음을 소유한 듯 보이지만, 그것은 다름 아닌 건강이 매우 좋고 사업이 번창하고 있기 때문입니다. 만약 여러분의 간이 손상되었거나 사업이 실패했다면, 열 명 중 아홉 명의 믿음이 수증기 증발하듯 사라져 버린다 해도 그리 놀라운 일이 아니겠죠."⁴ 예수님은 다른 사람들에게 무거운 짐을 지우면서 자신은 손가락 하나 들어 돕지 않으려는 자들을 지적하신다(마 23:4).
>
> 2. **우리는 여전히 진부한 말 몇 마디나 핏대 세운 목소리로 누군가의 깊은 상처를 치유할 수 있다고 생각한다.** "극심한 영적 슬픔에 빠진 사람이 있는데, 그 사람의 애통함을 전혀 이해하

---

3 Charles Spurgeon, "Binding Up Broken Hearts(상한 심령 감싸주기)," *MTP*, Vol. 491 (http://www.ccel.org/ccel/spurgeon/sermons54.xxxii.html).
4 Charles Spurgeon, "Night and Jesus Not There(밤, 그리고 그곳에 아니 계신 예수님!)," *MTP*, Vol. 51, 457.

지 못하는 사람은 새털만큼 가벼운 위안을 건넬 수도 있다." 마치 깊은 상처에 흔한 연고 한번 발라 주는 의사처럼, 우리는 "심히 괴로워하는 사람에게 실제로 그의 형편과 병을 더욱 악화시키는 말을 할 수 있다는 것"[5]이다. 이 문제에 대하여 스펄전은 우리에게 성경의 가르침을 전해 준다. "마음이 상한 자에게 노래하는 것은 추운 날에 옷을 벗음 같고 소다 위에 식초를 부음 같으니라"(잠 25:20).

3. 우리는 현재의 상황이나 조건에 맞추려 하기보다 당위적인 상황이나 조건을 만들려고 노력한다. "마치 상황이나 조건 등이 이론적으로 정리해 놓은 대로 되어야 하는 것처럼 너무 엄격하게 판단하지는 말아야 한다. 오히려 상황이나 조건을 있는 그대로 다뤄야 한다. 그리고 믿음이 출중한 신자 중에도 종종 심각한 상태에 처할 수 있고," 심지어 "그들이 진정한 신자인지조차 알기 힘든"[6] 상황에 놓일 수 있다는 것은 의문의 여지가 없다. 성경은 바로 이 지점과 관련하여 언쟁을 벌인 욥의 친구들을 들어 우리에게 가르침을 준다.

4. 우리는 우리의 경험 부족을 잘 인정하려 들지 않는다. "어떤

---

5 Charles Spurgeon, "Refusing to Be Comforted(위로받기를 거절함)," *MTP*, Vol. 44 (Ages Digital Library, 1998), 417.
6 Charles Spurgeon, "Helps to Full Assurance(온전한 확신에 이르는 도움)," *MTP*, Vol. 30 (Ages Digital Library, 1998), 516.

이는 다른 이를 위로해 주고 싶어도, 살면서 큰 어려움을 겪어 본 적이 없는 까닭에 그렇게 할 수 없기도 하다. 줄곧 유복한 삶을 살아온 사람이 험악하기 이를 데 없는 인생 경로를 밟아온 사람을 공감하거나 긍휼히 여기기란 어려운 일이다."[7] 사도 바울은 우리가 스스로 필요로 했고, 또 하나님께로부터 받은 위로를 통해서 다른 사람들을 위로해야 한다고 가르친다.

성경에 따르면, 우리는 울고 있는 누군가를 만날 때, 마땅히 함께 울어 주어야 한다(롬 12:15). 어떤 사람이 역경에 처했으면, 그는 마땅히 성찰하고 묵상해야 하며, 우리도 그와 함께 그러해야 한다(전 7:14). 이렇게 함께 공감해 주고 위로해 줌 없이 다른 사람을 도우려다 보면, 진정성 있는 울림을 주지 못할 수 있다. 이 진정성 있는 울림을 주지 못하게 되면, 우리의 가혹한 태도에 관한 더 큰 근거를 갖는 꼴이 된다.

진정성 없는 목소리

우울증으로 고통받는 사람들은 자신의 목사, 입바른 신앙인, 해답을 주고 싶어 하는 사람들이 자신에게 우울증이라는 감옥에 대해 무언가 조언해 주기 전에, 먼저 그 감옥이 어떤 곳인지를 더 알아 주길

---

7 Charles Spurgeon, "Binding Up Broken Hearts(상한 심령 감싸주기)," *MTP*, Vol. 54, 491.

바란다.

스펄전과 동시대의 어떤 사람은 이를 두고 이렇게 말한다. 입바른 신앙인, 해답을 주고 싶어 하는 사람들은 "아픔을 겪는 이들의 귀에 진정성 있는 목소리로 말해야" 한다고…. 목사나 상담가가 고통받는 사람들에게 제안하는 구원과 구출을 위한 메시지가 제대로 "효과를 내려면" 그들이 겪는 "고통만큼이나 강력한 형태로 다가와야 한다"[8] 라고….

우리가 제공하는 구원의 메시지가 세상에서 내지르는 비명 소리, 특별히 우울증을 일으키는 현실의 상당 부분을 의미 있게 설명해 주지 못한다면, 그것은 필시 부적절한 것으로 판명될 것이다. 해맑은 기쁨, 긍정적 사고, 즉각적이고 손쉬운 해결책으로 사용되는 성경 구절의 인용 등에만 초점이 맞춰진 영성은 "우울증이 발현하자마자 무기력하게 무너져 내린다"[9]라고 하는데, 이 점은 오랫동안 사람들이 인정해 온 바이다. 우울증을 앓고 있는 이들을 도우려 할 때, 우리가 하는 말 속에 이러한 류의 진정성이 존재하지 않으면, 그들은 우리의 말을 듣지 않을 것이다. 왜냐하면 그들은 자신들을 도우려는 사람들이 아직 자신들의 말에 귀를 기울이지 않고 있다고 생각할 것이

---

8   William James, *The Varieties of Religious Experience* (New York: Barnes & Noble Classics, 2004), 147-148.
9   위의 책.

기 때문이다. 그들에게 전하는 복음이 자신들이 경험하는 실제 삶의 깊이를 전혀 다룰 수 없는 것처럼 느끼지 않겠는가.

의미의 붕괴

우울증을 앓는 사람들이 경험하는 것은 그들 삶 속에서 일어나는 '의미의 붕괴'이다. 하나님의 '더 큰 이야기'가 망가졌거나 알 수 없는 것처럼 느껴진다. 사실 의미의 붕괴는 대부분의 사람에게서 일어난다. 제니퍼 마이클 헥트(Jennifer Michael Hecht)는 이렇게 말한다. "우리의 한편에는 머릿속 세계가 있다. ··· 그곳은 이성과 계획, 사랑, 목적이 있는 세계다. 또 다른 한편에는 인간의 삶 너머에 있는 세계가 있다. 그곳은 동일하게 실재하는 세계이지만 돌봄이나 가치, 계획이나 판단, 사랑이나 기쁨의 흔적이 존재하지 않는다."[10]

하지만 "머릿속 세계"가 이성, 계획, 사랑, 목적으로 충만하지 않고 도리어 그러한 개념을 완전히 상실한 상태일 때, 우울증을 앓는 이들에게는 이 의미의 붕괴가 어떻게 느껴질까? 이런 상태에 이르면, 머릿속 세계와 그 너머의 세계는 보기 안쓰러울 정도로 소망을 부정하는 공모자가 된다. 천장과 바닥이 한꺼번에 사라지는 것이며, 바닥이 없는 상태로 자유 낙하하는 꼴이다. 현실적 소망이 사라질 때,

---

[10] Jennifer Michael Hecht, *Doubt: A History* (New York: HarperCollins, 2004), xii.

우리는 그렇게 된다. 스펄전은 그와 유사한 경험을 했고, 그런 때가 한두 번이 아니었다.

그러므로 경험의 참된 의미가 붕괴될 때, 우리는 윌리엄 제임스(William James)가 말한 "삶에 대한 장기적 설계와 소망(the remoter schemes and hopes of life)"[11]이라고 하는 개념을 꼭 붙잡아야 한다. 우리가 말하는 '더 큰 이야기'라는 개념은, 현재 겪는 우울감이란 그저 하나의 장면, 하나의 장에 불과하다는 뜻을 담고 있는데, 윌리엄 제임스가 언급한 '장기적 설계'도 이 '더 큰 이야기'라는 개념과 크게 다르지 않다. 장기적 설계, 혹은 초월적 서사가 사라지고 현재의 우울함을 담아낼 '더 큰 이야기'가 없을 때, "절망의 근접성"[12]은 더욱 심화될 것이며, 따라서 우리 소망의 현실성도 더욱 강화될 필요가 있다.

요컨대, 우리가 제시하는 소망은 상처의 깊이나 고통의 비참함에 격이 맞아야 한다는 것이다. 그렇다면, 이것이 우리의 자기 관리와 돌봄에 어떤 변화를 가져올까?

---

11   William James, *The Varieties of Religious Experience*, 130.
12   Wendell Berry, *Life is a Miracle*, 7.

돌보는 방식의 변화

첫째, 우리는 속도를 늦추고 더 멀리 보는 시야를 취해야 하며, 한동안 이런 자세를 유지해야 한다. 단순히 말을 올바르게 하는 것이 해결책이라 할 수 없다.

둘째, 상처의 깊이에 격이 맞도록 공적 발언의 방식을 바꿔야 한다. 우울증을 앓는 사람이나 다른 정신적 어려움으로 고통받고 있는 사람은 언제나 우리 곁에 있다. 공적 발언자로서 스펄전은 절망의 강도에 맞는 언어를 사용하기 위해 부단히 노력했다. 예를 들어 그는 시편 88편 6절 말씀, "주께서 나를 깊은 웅덩이와 어둡고 음침한 곳에 두셨사오며"[13]를 강조했는데, 그는 이 성경 말씀을 많은 시간을 할애하여 설명했다. 스펄전은 "과연 강력한 은유의 모음집이요, 직유법이라고는 찾아볼 수 없다"라고 진술했다. 이렇게 말한 이유를 그는 다음과 같이 전한다.

> 마음은 몸보다 훨씬 더 곤두박질쳐 내려갈 수 있습니다. 마음속에는 바닥을 알 수 없는 구덩이가 여럿이기 때문입니다. 몸이 감내할 수 있는 상처야 일정 수를 넘지 않지만, 영혼에 상처를 내 출혈을 일으키는 방법은 만 가지 이상이요,

---

13 Charles Spurgeon, "Psalm 88(시편 88편)," *The Treasury of David*, *The Spurgeon Archive* (https://gracegems.org/Spurgeon/088.htm).

그 영혼은 매시간이 반복적인 죽음의 순간일 수 있는 것입니다.[14]

셋째, 스펄전의 개인 사역과 강단에서의 사역은 서로 닮아 있다. 국내뿐 아니라 세계적으로도 탁월한 목회자로 알려져 있었음에도, 그는 우울증을 앓는 사람들에게 정례적으로 관심을 기울였다. 그는 "괴로운 상황 속에 있는 사람들과 대화를 나누다 보면, 마치 우리 집에 있는 것 같은 생각이 든다"라고 말하기도 했다. 또 "캄캄한 지하 감옥 속에 있는 사람은 빵과 물이 어디에 있는지 찾는 방법을 압니다."[15]라고도 말했다.

물론 그런 개인 사역과 강단 사역에 때때로 문제가 생기기도 했다. 스펄전이 개인적인 휴식과 휴가의 시간을 보내려 해도, "망통(Mentone), 니스(Nice), 칸(Cannes), 보르디게라(Bordighera), 산레모(San Remo)에 사는 영적 우울증을 앓는 사람들이 그를 찾아와 그의 공감과 긍휼히 여김을 통해 위안을 얻으려 했다."[16]

---

14 위의 책.
15 Charles Spurgeon, "The Shank-Bone Sermon: Or, True Believers and their Helpers(정강이뼈 설교: 참 신자와 그들을 돕는 이들)," *MTP*, Vol. 36 (Ages Digital Library, 1998), 252.
16 Charles Spurgeon, *C. H. Spurgeon's Autobiography* Vol. 4 (https://www.grace-ebooks.com/library/Charles%20Spurgeon/CHS_Autobiography/CHS_Autobiography%20Vol%204.PDF), 233.

하지만 결과는 여느 돌봄의 사람이 느꼈을 감정과 유사했다. "자신을 소진하는 과정 없이 다른 사람을 일으켜 세우는 일은 쉬운 일이 아니다."[17] 은혜 위에 은혜가 우리의 기도문과 필요를 주조하고, 지칠 줄 모르는 은혜가 우리의 소망을 만든다.

하나님의 더 큰 이야기

스펄전이 설교를 하는 동안 그 못된 장난꾼이 "불이야!"를 외치고 그로 인해 사람들이 죽어갔을 그때로 돌아가 보자. 젊은 남편이자 태어난 지 한 달 남짓 되는 쌍둥이의 아버지였던 그는 오늘날 "자살 감시(suicide watch)"로 불리는 상태에 빠졌다. 스펄전은 "저는 그 사건으로 크게 낙담을 했습니다"라고 하며 그때를 떠올렸다. "어떤 사람은 제게 무슨 일이 일어날지 몰라 내내 지켜보기도 했죠. 약 3주 동안, 저는 이성을 거의 잃고서 지냈습니다."[18]

그러나 스펄전은 과거를 회상하며, 이성을 잃어 무기력한 자신의 상태를 세상과 자신의 삶 양 방면에서 하나님의 '더 큰 이야기'로 연결시킨다. 그는 회중을 향해 이렇게 말한다.

---

17 Charles Spurgeon, "Fever and its Cure(열병과 치료)," *MTP*, Vol. 36 (http://www.ccel.org/ccel/spurgeon/sermons36.lii.html).
18 Charles Spurgeon, "Belief in the Resurrection(부활 신앙)," *MTP*, Vol. 61 (Ages Digital Library, 1998), 148.

 여러분은 여러분의 목회자가 이성이 회복되기를 바라며 그것을 위해 어떻게 울부짖었는지 기억하십니까? 여러분은 하나님께서 어떻게 우리와 함께하셨는지 기억하십니까? 우리는 그동안 특별한 일, 특별한 시련, 특별한 구원을 경험했습니다.[19]

"현재 일어나고 있는 일에 대한 우리의 관점은 소망을 감각하는 데 매우 중요하다. 많은 우울증이 관점의 상실 때문에 발생한다."[20] 현실적으로 도움이 될 수 있는 방법을 찾을 수 있으리라는 기대를 더 이상 유지하지 못할 때, 우리는 소망을 잃게 된다. 그러므로 지금껏 질문해 온 문제로 돌아가 보자. 어떻게 하면 하나님의 '더 큰 이야기'에 우리의 슬픔을 녹여 낼 수 있을까?

이제 이 중요한 질문에 대한 해답을 찾으려 한다. 하나님께서 슬픔과 고통 속에서 우리와 관계를 맺으실 때는, 자신에 관한 진정성 있는 목소리를 들려주신다. 그분은 우리에게 절망이 얼마나 가까이 와 있는지 아시며, 우리 고통에 상응하는 언어와 돌봄을 허락하신다. 이제, 예수님께서 일반적으로 왜 그렇게 '더 큰 이야기'에 큰 의미를 가지시며, 특별히 우울증을 앓는 이들에게 더욱 그러한지 잠시 살펴보려 한다.

19　Charles Spurgeon, *C. H. Spurgeon's Autobiography*, Chapter 50, 235.
20　Richard Winter, *Roots of Sorrow* (Crossway Books, 1986), 292.

8장
예수님과 우울증

 우리 주 예수님께서 이러한 경험을 잘 아신다는 사실을 상기함이 우리에게 형언할 수 없는 위로가 됩니다.[1]

앤드루 솔로몬은 *The Noonday Demon*(정오의 악마)에서 정작 자신은 예수님을 믿지 않으면서도 다음과 같이 진술한다. "내세의 삶이 지금과는 완전히 다를 것이라는 약속을 믿는 이들조차 이생에서는 고통을 경험할 수밖에 없다. 그리스도 자신이 슬픔의 사람이었기 때문이다." 그렇다. 믿음의 약속을 견지하는 이들조차 이생에서는 고통을 경험하지 않을 수 없다.[2]

"슬픔의 사람(The man of sorrows)"이라는 표현은 이사야 53장 3절에 나오는 표현이다. 구약의 선지자가 하나님께서 보내시기로 약속된 분을 그렇게 묘사했다. 스펄전은 슬픔의 사람이신 예수님과 자신이

---

1 Richard Winter, *The Roots of Sorrow: Reflections on Depression and Hope*, 292.
2 Andrew Solomon, *The Noonday Demon: An Atlas of Depression*, 15.

맺은 관계성이 가져다주는 복된 힘에 대해서 여러 번 간증했다.

개인적으로, 저 또한 이를 경험했습니다. 엄청난 고통을 겪고 있던 때에, 주 예수님께서 자기 백성들을 괴롭히는 모든 아픔을 체휼(fellow-feeling)하신다는 사실을 상기하는 것이 저에게 얼마나 큰 위로가 되었는지 모릅니다. 우리는 혼자가 아닙니다. '인자와 같은 이'가 우리와 함께 용광로와 같은 길에 동행하시기 때문입니다.³

예수님도 우울증을 겪으셨다

예수님의 '더 큰 이야기'에서 발견하는 '체휼'이라는 말은 우울증을 앓고 있는 이들까지도 포함한다. 그리스도인들은 십자가를 배우는 것에 익숙하다. 그러나 스펄전은 고통받고 있는 이들에게 겟세마네 동산에서 우리 구주의 도우심을 발견하라고 청한다. 스펄전이 볼 때 이 "슬픔의 동산"⁴은 예수님의 '정신적 우울증'을 묘사하는 것이었다.⁵ 스펄전은 "육체적 고통은 우리가 십자가를 이해하도록 돕는다"라고 하면서도 "정신적 우울증은 우리를 겟세마네 동산에서 배우기

---

3 Charles Spurgeon, "The Man of Sorrows(슬픔의 사람)," *MTP*, Vol. 19 (Ages Digital Library, 1998), 153.
4 Charles Spurgeon, "The Weakened Christ Strengthened(연약해진 그리스도의 강하게 하심)," *MTP*, Vol. 48 (Ages Digital Library, 1998), 149.
5 Charles Spurgeon, "Gethsemane(겟세마네)," *MTP*, Vol. 9 (Ages Digital Library, 1998), 103. 그리고 "The Overflowing Cup(차고 넘치는 잔)," *MTP*, Vol. 15, 388도 보라.

에 적합한 학생으로 만들어 준다"[6]라고 말한다. "예수님의 공감은 그의 희생 다음으로 고귀한 것이다."[7] 돌보는 일을 하는 이들은 이 점을 깊이 주목할 필요가 있다.

그러므로 히브리서는 말하기를, 예수님은 "모든 일에 우리와 똑같이 시험을 받으신 분"(히 4:15)이시요, "시험을 받아 고난을 당하셨은즉 시험받는 자들을 능히 도우실 수 있는"(히 2:18) 분이시다. 그래서 스펄전은 예수님의 이 공감이 우리 육체의 연약함뿐만 아니라 '정신적 우울증'[8]까지도 포함한다고 말하는 것이다.

그 결과는 어떠한가? 우울증을 앓는 사람은 예수님의 이야기 구조 속에서 쉼터를 찾을 수 있다. 스펄전은 이렇게 설명한다. "예수님께서 고통당하셨음을 상기하는 것이야말로 슬픔이 주는 괴로움을 완벽하게 제거하는 과정입니다."[9]

이런 이유로, 현실적이지 않은 소망을 주절거리거나 고통받는 경험에 전혀 무지한 입바른 신앙인에게 관심을 갖지 않는다고 해서, 예수님을 저버려서는 안 된다. 오히려 타인의 삶을 제대로 이해한다는

---

6 Charles Spurgeon, "The Overflowing Cup(차고 넘치는 잔)," *MTP*, Vol. 15 (Ages Digital Library, 1998), 388.
7 Charles Spurgeon, "The Man of Sorrows(슬픔의 사람)," *MTP*, Vol. 19, 154.
8 Charles Spurgeon, "The Weakened Christ Strengthened(연약해진 그리스도의 강하게 하심)," *MTP*, Vol. 48, 143.
9 Charles Spurgeon, "The Man of Sorrows(슬픔의 사람)," *MTP*, Vol. 19, 154.

말의 의미를 아는 누군가를 찾을 때, 예수님은 우리가 겪는 역경에 동참하는 가장 탁월하고 신실한 동반자로서 그 모습을 드러내신다. 따라서 현실적인 소망이란 예수님으로 충만한 것이다. 우울증으로 고통받는 사람들에게는 마음이 괴로운 이들을 위해 중보하시는 동지이자 영웅, 동반자적 구속자가 계신다는 말이다.

예수님 안에서 발견한 위로

이 시점에서, 다음의 사실로 놀라는 사람이 있을지도 모르겠다. 천국은 우울증을 앓는 사람들에게 항상 최고의 위로를 선사하지는 않는다. 누군가 자신의 불행한 처지만을 의식할 때, 머지않은 장래에 도래할 엄위한 일을 계속 언급하면서 위로하려는 시도는 사실 별다른 위안을 주지 못한다. 이 시대를 볼 때 "고통받는 이들은 그리스도께서 두 번째 강림하시는 날에 주어질 위로를 바라기보다, 첫 번째 강림 때의 지치고 슬픔으로 가득 찬 한 사람으로서의 그리스도께 위안을 구한다."[10] 왜 그럴까? 그들은 지금 결승선이 보이지 않는 상태로, 지쳐 있고 슬픔으로 가득 차 있기 때문이다.

이렇게 말한다고 해서, 스펄전이 예수님의 장래 중보 사역을 무시하는 것은 아니다. 분명히, 천국에서 우리와 함께하시고 우리를 위하

---

10 위의 책, 149.

시는 예수님의 모습은 때때로 우리의 비참한 현실에 안도감을 안겨 줄 수 있다. 주 안에서 우리가 당하는 현재의 고통은 가볍고 일시적이다. 우리의 고통은 짧고, 주님은 영원히 계시며, 그분 안에서 우리 또한 그러할 것이다!

그러나 동일하게, 스펄전은 예수님의 현재 중보 사역 또한 무시하지 않는다. 그는 이렇게 말한다. "우울함에 짓눌릴 때마다 당신 편에 서서 탄원하시는 주님을 바라보는 일만큼 당신에게 생기를 불어넣는 것이 또 어디 있겠습니까!"[11] 우리를 지키시고, 안전히 붙잡으시며, 결코 버리지 않으시는 예수님께서 우리와 함께 계신다는 사실은 우리에게 어마어마한 위로를 제공한다. 주님께서 우리와 함께 계신다는 사실이야말로 복된 소식이다!

그런데 스펄전은 때때로 "그리스도의 영광으로도 고난에 처한 영혼에게 그와 같은 위로를 주지 못한다"라는 점을 강조한다. 오히려 우리가 마음속으로 깨달아야 하는 것은 예수님이야말로 "다른 누구보다도 '내가 바로 고난의 목격자'라 말할 수 있는 최고의 애도가(the Chief Mourner)"[12]라는 사실이다. 우리가 부르짖는 그 하나님께서 우리가 겪는 것과 같이 고통받았음을 뼛속 깊이 느끼게 될 때, 우리는

---

[11] Charles Spurgeon, "Honey in the Mouth(입에 머금은 꿀송이)," Sermon 2213 *MTP*, *The Spurgeon Archive* (https://www.spurgeon.org/resource-library/sermons/honey-in-the-mouth/).
[12] 위의 책, 150.

결코 혼자가 아니며 하나님은 잔인한 분이 아니라는 사실을 깨닫게 되는 것이다.

그러므로 예수님 안에서 우리를 위한 하나님의 '더 큰 이야기'에 관하여 말하는 것은 전혀 진부하거나 잔인한 일이 아니다. 왜냐하면 이 하나님은 마치 곧 전투를 치르게 될 어떤 왕과 같으시기 때문이다. 그분은 전장에서 군인들이 목숨을 걸고 전투를 벌이는 중에 머나먼 곳에 몰래 숨어 호사스러운 음식이나 탐하고 있으면서 스스로 손가락 하나 까닥할 필요가 없다는 핑계를 대고 있는 어떤 왕족과는 아주 다른 분이시다. 만약 이 왕족과 같은 경우라면, 우리도 그곳의 군인들처럼 점점 지쳐서 체념하게 될 것이다.

하지만 예수님 안에서는 하나님이 저 머나먼 곳에 계신다는 이야기가 가당치 않다. 그 왕은 오히려 진두지휘하며 전투에 적극적으로 임한다. 그는 자신의 군인들처럼 배고픔과 목마름에 시달린다. 게다가 자신에게 전해진 수통을 밀어내며 자신보다 더 지쳐 보이는 동료 병사들에게 마시라 건넨다. 그러므로 우리 가운데서 싸우시며 고통당하시는 주님을 바라보는 우리는 그분의 사역 덕분에 인내할 수 있을 거라는 믿음이 생겨나기 시작한다. 우리는 크게 외친다. "확신컨대, 오늘 우리는 가난, 중상, 모욕, 육체적 고통, 혹은 죽음 그 자체를 감당할 수 있다." 왜냐고? "이는 예수 그리스도 우리 주님께서도 그와 같은 것들을 감당하셨기 때문이다." 그리고 "만약 세상 어딘가에 위안이 있다면 분명코 고난받으신 주님의 유쾌한 임재 가운데서 찾을 수 있을 것"이기 때문이다.[13] "평범한 애도가는 … 슬픔의 잔을 홀짝거리지만, 그분은 한숨에 들이켜 그 잔을 비워 버리신다."[14]

하나님께서 우울증이나 다른 여러 고통을 왜 허락하시는지 궁금증을 품는 것은 너무나도 자연스럽다. 하지만 주님께서 왜 우리와 함께, 그리고 우리를 위해 고통받기로 선택하셨는지를 생각해 보자. '슬픔의 사람'은 절망에 근접해 있는 가운데서 현실적 소망을 품을 수 있는 능력을 가진 하나님의 '더 큰 이야기'를 드러낸다. 그렇다면, 이 '더 큰 이야기'는 우리의 우울증에 대한 인식을 어떻게 변화시킬까?

감정 기복을 대처하라

어느 주일 아침, 스펄전은 설교 중에 자기 생각을 솔직하게 나누었다. "이번 주는 어떤 면에서 제 인생의 더없는 영광스러운 시간이었습니다. 하지만 칠흑 같은 어둠이라고밖에 말할 수 없는 공포로 끝나 버렸고, 이에 대해서는 더 이상 말하지 않겠습니다."[15] 그러면서 그는 자신이 겪은 감정 기복에 관하여 이야기했다. "어떤 교우들을 보면 감정 기복이 별로 크지 않은 것 같습니다. 그 교우들이 누리는

---

13 위의 책. 150.
14 위의 책. 155.
15 Charles Spurgeon, "Israel's God and God's Israel(이스라엘의 하나님, 하나님의 이스라엘)," *MTP*, Vol. 14 (Ages Digital Library, 1998), 238.

평화를 저도 누리고 싶을 정도입니다." 그는 계속해서 이야기를 이어 갔다. "왜냐하면, 저는 대부분의 사람보다 더 큰 기쁨을 느끼기도 하지만, 반대로 감히 누구도 짐작하기 어려운 영적 우울증을 앓고 있을 정도로 감정 기복이 크기 때문입니다."[16]

스펄전은 구약 성경의 선지자 엘리야를 예로 들며 개인적인 간증을 이어 나갔다. 엘리야는 자신의 인생에서 전례 없는 성공을 거둔 후 끔찍한 우울증이 뒤따라왔다. 죽기를 간청했을 정도로 말이다. 스펄전은 농담하듯 말했다. "하늘을 찌르는 의기양양함 속에는 땅속 깊은 곳에 이를 만큼의 의기소침함이 들어 있습니다." 그리고 나서 스펄전은 태도를 바꿔 "우울증의 나락으로 떨어진다"라는 말이 의미하는 것이 무엇인지 잘 아는 이들에게 곧바로 이 진리를 적용하고, 가까이 계시는 하나님의 돌보심을 우리 일상의 심연에 적용한다.

1. **아무리 깊이 떨어져도, 은혜는 더 깊이 내려간다.** "로뎀나무 밑에 지쳐 쓰러져 있던 엘리야 선지자 아래에는 무엇이 있었는가? 바로 영원하신 팔이었다." 당신이 우울증에 얼마나 깊이 빠져 있든 상관없이 "그 영원하신 팔이 당신보다 더 밑에서 당신을 떠받치고 있다."[17]

---

16 위의 책, 238.
17 위의 책, 238.

2. 원인이 무엇이든, 은혜는 더 깊이 내려간다. "영혼이 침체되는 수많은 경우가 있다. 때로는 죄책감 때문에, 때로는 실망감 때문에, 때로는 친구들의 배신 때문에, 때로는 주님의 사역이 부패하는 것을 목격해서, 때로는 우리를 나락으로 던져 넣는 수많은 여러 불행들 때문에…."[18] 우리가 어떤 어려움에 직면하더라도, 예수님은 우리를 긍휼히 여기시고, 회복시키실 수 있다.

또 다른 설교에서 스펄전은 이와 유사한 방식으로 자신의 상태를 드러낸다. "오늘 밤, 사실 여러분에게 설교할 몸 상태가 아닙니다. 저는 지금 상태가 극도로 좋지 않고, 지나치게 무기력하며, 몹시 우울합니다."[19] 하지만 그날 밤 그를 도왔던 것은 다름 아닌 모인 사람들에게 복음에 관해 '몇 마디라도 전하려고 했던 즐거움'이었다. 예수님의 고난과 긍휼에 관한 '더 큰 이야기'를 전하려는 즐거움은 신비롭게도 우울함 중에서도 우리를 강하게 해 줄 수 있다.

우리의 이야기를 들려주려면

스펄전은 왜 자신의 우울증에 대해 그토록 솔직하게 이야기했을까? 그는 자신을 비난하고 수치를 주며 차별하는 사람들 앞에서도 용기

---

18 위의 책, 238.
19 Charles Spurgeon, *Sword and Trowel 1869* (Ages Digital Library, 1998), 9.

있게 말했다. 어떻게 그럴 수 있었을까? 예수님 이야기가 '그곳에 계셨던 하나님', 즉 우리에게 현실적 소망을 주시는 하나님을 말해 주듯이, 우리 또한 그분과 함께 '그곳에 있던' 사람으로서 우리의 이야기를 들려줄 수 있는 것이다. 낙심의 수렁 속에 빠져 있을 때, 우리는 우리의 이야기가 누군가에게도, 하물며 하나님이나 우리 자신에게도 중요할 리 없을 거라고 생각한다. 하지만 진정 황량한 광야를 건너 본 사람들은 실로 누구도 들려줄 수 없는 이야깃거리를 가지고 있다.

1. 우리는 동정심을 얻으려거나 다른 사람의 이야기를 훔쳐 관심을 끌기 위해서가 아니라, 공감을 위해서 우리의 이야기를 들려준다. 스펄전은 이렇게 말한다. "극심한 신체적 고통이 정신적 우울증으로 이어지기도 하고, 자기 목숨만큼 소중한 사람의 죽음으로 인한 고통 때문에 우울증이 생기기도 합니다. 바다는 계속해서 굽이치고 파도는 연이어 밀려옵니다. 저는 동정심을 불러일으키기 위해서 이 글을 쓰지 않았습니다. 독자들로 하여금 자기 자신이 육지를 항해하는 선원이 아니라는 사실을 깨닫길 바라는 마음으로 쓴 것입니다. … 저는 굽이치는 큰 파도와 몰아치는 폭풍이 무엇인지를 알고 있습니다."[20]

20　Charles Spurgeon, *Faith's Checkbook* (Ages Digital Library, 1998), 4.

2. 우리는 그 경험을 원했기 때문이 아니라, 그 경험을 했기 때문에 우리의 이야기를 들려준다. 스펄전은 이렇게 말한다. "누군가 말합니다. '음, 저는 그런 안 좋은 경험을 겪고 싶지 않습니다.' 물론입니다. 하지만 만일 여러분이 그걸 경험해 본다면, 다음번에 '절망 거인이 사는 성'에 붙잡혀 있는 어느 한 형제를 만나게 될 때, 그 형제를 어떻게 공감할 수 있는지 알게 될 겁니다."[21]

3. 우리는 고통받는 사람들에게 예수님께서 우리의 강함이 아니라 연약함에 공감하신다는 점을 알려 주기 위해서 우리의 이야기를 들려준다. 스펄전은 이렇게 말한다. "예수님은 우리의 고통, 우울증, 전율, 과민함에 공감하십니다. 비록 그로 인해 우리가 자주 빠지게 되는 죄를 범하지는 않으셨지만요. 이 진리를 굳게 붙드십시오. 언젠가 이 진리가 여러분에게 큰 위로가 될 날이 올 것입니다. 예수님은 여러분의 강함이 아니라 연약함에 마음을 같이하십니다. … 마치 어머니가 자식의 연약함에 마음 아파하며 함께하듯이 예수님은 자기 사람들이 경험하는 지극히 가난하고, 지극히 슬프고, 지극히 약한 마음에 함께하시는 분이십니다."[22]

---

21 Charles Spurgeon, "A Stanza of Deliverance(해방의 시)," *MTP*, Vol. 38 (Ages Digital Library, 1998), 72.
22 Charles Spurgeon, "The Tenderness of Jesus(예수님의 온유하심)," *MTP*, Vol. 36 (Ages Digital Library, 1998), 402.

4. 우리는 현실적 소망을 제시하기 위해서 우리의 이야기를 들려준다. "만일 여러분이 주님의 위로를 받아 마음속 우울증에서 벗어났다면, 자신이 있는 곳에서 만나는 다른 사람들을 돕는 데 최선을 다하십시오."[23]

케니언의 시로 돌아가서

우리는 앞의 6장에서 케니언의 시로 이야기를 시작했다. 그녀는 우울증이 하나님을 향한 우리의 태도를 어떻게 망가뜨리는지, 입바른 신앙인들이 우리를 향한 자신들의 태도를 어떻게 엉망으로 만드는지를 말해 주었다. 스펄전이 그러한 우울증을 겪으면서도 어떻게 그렇게 하나님을 여전히 온유하시고 현존하시는 분으로 바라볼 수 있었는지, 우리는 참으로 놀라지 않을 수 없다.

우리는 어쩌면 성경을 폭력적인 책으로, 하나님을 분노하시는 분으로, 신앙을 말하는 이들을 입바른 사람 정도로 치부하고 있는지도 모른다. 하지만 스펄전은 성경 속에서, 슬퍼하는 이들을 위한 언어, 상처 주는 사람을 막아 주기 위한 변호, 고통이 가득한 세상을 사랑하여 하나님께서 보내신 슬픔의 사람을 보았다. 그리고 이를 통해 어둠 가운데 앉아 있었지만 본향으로 돌아가 다시금 햇살 가득한 즐

23　Charles Spurgeon, "The Shank-Bone Sermon(정강이뼈 설교)," *MTP*, Vol. 36, 252.

거움을 누리는 사람들의 이야기를 발견했다. 이 '장기적인 설계' 혹은 '더 큰 이야기'는 스펄전이 매일 절망이 코앞에 닥쳐 있을 때 맞서 싸울 수 있었던 강력한 수단이 되었다. 하나님은 절망의 여러 근거들이 내뿜는 강렬함에 대응할 수 있는 소망의 근거들을 제공해 주셨던 것이다.

그렇다면 예수님 안에 있는 이 하나님의 서사(God-narrative)는 우리가 일상에서 우울증에 대처하는 방식에 어떠한 영향을 미칠까? 어쨌든 얄팍한 해결책이나 진부한 몇 마디의 조언은 아무리 종교적인 것이어도 효과가 없다. 그렇다면 이 서사는 우리의 일상생활에 어떤 중대한 영향을 끼치는가?

제3부

우울증을 이겨 내기 위해 일상에서 필요한 것들

9장
약속과 기도

 어떤 상처에도 바를 수 있는 연고가 있고, 현기증이 일 때마다 기력을 찾게 하는 음료가 있으며, 모든 질병에 대해서도 치료제가 있다. 복 있도다! 천상의 약을 다루는 데 능숙하며, 하나님의 약속 안에 있는 치유의 효능을 굳게 붙잡을 줄 아는 사람이여![1]

약속은 냉소주의를 불러일으킬 수 있다. 한때 우리는 약속이 주는 소망을 품었다. 하지만 지금 그 약속은 버려진 동전 혹은 종이 쪼가리, 폐서랍 속에서 아무렇게 나뒹구는 여분의 볼트 등과 다름없다. 시편 기자는 시편 77편 8절에서 이렇게 말한다. "한결같은 그분의 사랑도 이제는 끊기는 것일까? 그분의 약속도 이제는 영원히 끝나 버린 것일까?"(새번역)

---

[1] Charles Spurgeon, "Obtaining Promises(약속 붙잡기)" *MTP*, Vol. 8 (http://www.ccel.org/ccel/spurgeon/sermons08.ix.html).

그럼에도 불구하고, 약속이 수반하는 위험을 감수하며 삶의 방향을 전환해야 할 필요성은 여전히 있다. 설령 약속과 우리와의 관계에서 종종 약속에 대한 고통스러운 의문만 발견할지라도 말이다. 왜 그러한가? 어떤 약속들은 지하감옥과 같은 우리 생각 속으로 침투하는 현실적 소망의 목소리와 같기 때문이다. 그것은 "보배롭고 지극히 큰" 약속으로서, 하나님께서 우리에게 선물로 주신 것이다(벧후 1:4). 우리 영혼에는 그 약속들이 필요하다.

다음 장에서는 우리에게 유용한 자연적인 도움들(natural helps)에 대해 살펴보려고 한다. 이를테면 의약품, 유쾌한 유머, 휴식, 자연과 나누는 교감, 따뜻한 목욕, 영양소 섭취, 한계를 염두에 두며 계획한 일상, 여기에 치료 요법 및 목회적 상담을 더한 것들이 '슬픔의 사람' 손에 붙들려 유용하게 쓰인다.

하지만 먼저, 주 안에서 겸허한 마음으로, 어두운 밤바다에 떠 있는 우리를 도우려 애쓰는 하나의 등대로서 하나님의 약속을 인식하는 법에 대해 배워 보자.

나에게 보내는 메시지

조금 이상하게 들릴 수 있지만, 나는 당신이 하나님의 약속들을 자신에게 이야기해 주는 법에 대해서 배웠으면 한다. 그중 한 가지 방법은 자신에게 쪽지를 쓰거나 다른 사람이 자신에게 쪽지를 보내도록 부탁하는 것이다.

예를 들어 보자. 달력의 어느 날짜는 우리로 하여금 가끔 고통스러운 기억이나 무서운 장면을 떠올리게 한다. 그 달력을 쳐다보면서 어쩌면 온갖 종류의 파국을 상상할지도 모른다. 그래서 스펄전은 달력 빈자리에 시편 91편 4절과 같은 약속의 말씀을 적어 보라고 권면한다. "주께서 너를 그분의 깃털로 덮으시리니, 그 날개 아래에서 피하리로다."[2] 그러면서 그는 그 약속 근거로 이렇게 선언한다. "미지의 내일이 무엇을 가져오든 간에, 반드시 하나님께서 우리를 그 가운데서 건져 주실 것입니다."[3]

또한 스펄전은 집 여기저기에 하나님의 약속을 적은 메모를 붙여 놓았다. 잔인한 비판과 중상모략이 넘치던 시기에 아내 수산나도 마태복음 5장 11-12절을 액자에 넣어 매일 아침 남편이 예수님께서 하신 그 약속의 말씀을 볼 수 있도록 침실에 걸어 두었다.

나로 말미암아 너희를 욕하고 박해하고
거짓으로 너희를 거슬러 모든 악한 말을 할 때에는
너희에게 복이 있나니.

---

2   스펄전이 킹제임스 성경의 본문을 살짝 바꿔 인용함.
3   Charles Spurgeon, "Safe Shelter(안전한 피난처)," *MTP*, Vol. 15 (Ages Digital Library, 1998), 787.

기뻐하고 즐거워하라. 하늘에서 너희의 상이 큼이라.
너희 전에 있던 선지자들도 이같이 박해하였느니라
(마 5:11-12)

스펄전은 다른 사람들에게도 하나님의 약속을 의지하며 살라고 촉구했다. 그는 사람들에게 새뮤얼 클라크(Samuel Clarke)의 *Precious Promises*(보배로운 약속)라는 책을 구입하라고 권했다.[4] 스펄전은 호주머니에 늘 이 책을 소지하고 다녔는데, 고통과 불안으로 심신을 제대로 통제하기 어려워질 때 이 책을 활용해 도움을 받았다.[5] 약속에 관한 이 소책자는 다양한 삶의 상황과 조건을 가리키는 표제 형식으로 정리가 되어 있다. "support in Trouble(환난 중에 버팀목)"이라는 표제하에 다음과 같은 성경 구절들이 실려 있다.

- 내가 환난 중에 다닐지라도 주께서 나를 살아나게 하시고 (시 138:7)
- 내 마음과 육체는 쇠약하나 하나님은 나의 마음의 반석이시요 (시 73:26)
- 여호와께서는 모든 넘어지는 자들을 붙드시며 비굴한 자들을 일으키시는도다 (시 145:14)

---

4   http://whatsaiththescripture.com/Promises/Clarkes_Bible_Promises.html
5   Eric W. Hayden, *Searchlight on Spurgeon: Spurgeon Speaks for Himself* (Pasadena, Texas: Pilgrim Publications, 1973), 178.

약속은 현실적 소망의 연료

약속은 우리에게 어떤 실제적인 도움을 주는가? 우선 이러한 약속을 품으면, 우리는 꽁꽁 막힌 마음의 창을 치열하게 두드리는 온갖 목소리의 홍수 속에서도 하나님의 음성을 들을 수 있다. 예수 안에서 우리를 향한 사랑, 임재, 목적, 진리가 담긴 강하고도 부드러운 주님의 음성을 듣는다는 것이다. 그 옛날 사탄이 광야에서 시험할 때 예수님께서 행하신 것처럼, 우리는 믿음으로 천상에 계신 온화한 아버지께서 약속하셨던 그 말씀을 의지하는 것이다. 뱀이 조롱하듯 유혹의 생각들을 던졌을 때, 우리 구주께서는 이렇게 응대하셨다. "기록되었으되…"(마 4:1-11).

불길한 전조 한가운데에서, 기록된 약속과 그것을 기록하신 유일하신 분이 임재하시는 곳으로 달려가, 하나님이 누구시고 우리를 어떻게 대하시는지에 관하여 듣게 되면, 우리는 현재의 고통스러운 순간 안에 훨씬 큰 줄거리를 담고 있는 소망에 관하여 들을 수 있다. 생명에 이르는 길로서 하나님의 약속을 묘사하는 방법을 배우게 되면, 우리는 송곳니를 드러내며 으르렁거리는 늑대의 무리 속에서 우리의 목자 되시는 분의 음성을 더욱 진득한 자세로 들을 수 있는 능력을 기를 수 있다.

때때로 하나님의 약속은 마음의 짐을 덜어 주기도 한다. 그것은 "영혼을 고양시키고, 가시적인 세계 너머에 있는 삶을 바라보게 하며, 고요하고 천상적인 사고방식을 만들어 낸다."[6] 마치 현실적 소망의 군대처럼, 그 약속은 우리를 포획한 자들에게 들이닥쳐 포박을 풀어 내고, 눈가리개를 벗겨 주며, 우리를 똑바로 응시하면서 "당신의 본향으로 인도해 주겠소"라고 말한다.

약속은 현실적 소망이라는 불을 꺼뜨리지 않고 살리는 연료이므로, 우리에게 안도감을 준다. 스펄전은 "하나님의 약속으로 불붙은 그 소망은 사람의 마음 깊은 곳에 있는 생각, 행동 방식, 감정 등, 삶 전체에 영향을 끼친다"라고 말한다.[7] 약속에 근거한 소망은 마치 커튼을 활짝 열어 햇살이 다시 들어오게 하는 것과 같다. 단 1분, 단 1시간, 단 하루, 단 1년일지언정 햇살을 보는 것 자체는 정말 행복한 일이 아닌가.

그럼에도 어떤 때는, 약속의 말씀을 듣는다고 해도 전혀 안도감을 느낄 수 없을 때가 있다. 사막에 버려져 방전된 장난감 선풍기처럼 말이다. 그 선풍기를 붙잡고 있어도 더위는 우리의 생명을 잇아긴다. 이러한 순간에 있는 우리에게 스펄전은 체험을 통해 무언가 일깨워 준다. 하나님의 약속의 효력은 우리가 그것을 느끼거나 보는

---

6 Charles Spurgeon, *According to Promise* (Grace E-Books), 17 (https://www.grace-ebooks.com/library/Charles%20Spurgeon/CHS_According%20to%20Promise.PDF).
7 위의 책, 16.

능력에 달려 있지 않다고 말이다. 마치 포로가 구출되길 바라는 소망이 구출자의 존재를 인지하거나 그들에게 연락을 취할 수 있는 능력이 아니라, 군인들이 자신의 결박을 풀고 안전한 곳으로 옮겨 줄 수 있는 능력에 달려 있다는 것과 같은 것이다. 설령 우리가 파도에 빠졌다가 아무 힘 쓸 새도 없이 배로 내동댕이쳐진 것처럼 느껴질지라도, 약속 그 자체와 그 약속을 하신 분은 약속의 닻을 단단히 붙잡고 계신다.

하나님과 그분의 약속 덕분에, 현실적 소망은 우리의 변화무쌍한 기분과 비참한 심정의 표면 아래에서, 은밀하게 지속된다. 스펄전은 역경 중에 있을지라도 그 사람 안에 있는 이 소망을 찾는다. 그는 어떤 사람이 얼마나 도덕적인 사람으로 보이느냐보다 얼마나 이 은밀한 소망을 바라보느냐를 비교하며 다음을 역설한다. "사람의 마음 깊은 곳에 있는 이 은밀한 소망이야말로 그가 하나님 앞에서 어떤 상태에 있는지를 보여 주는 참된 기준입니다. 그것은 그저 어느 하루 보이는 행위들이나 1년에 한 번 공예배에 참석하는 것보다 더 정확히 그의 영적 상태를 보여 줍니다."[8]

우리의 변덕스러운 기분이나 비참한 심정보다 더 커다랗고 참된 이야기가 우리를 굳게 붙잡고 있다. 우리는 어떤 순간의 시련, 감정,

---

8 위의 책, 17.

선택이 우리에 관하여 설명해 주는 것 같지만, 실제로 우리는 그런 설명 이상의 존재이다.

성경 속에서 유사 사례 찾기

우리는 자기 자신에게 쪽지로 하나님의 약속을 써 주는 것을 배우는 동시에, 성경 본문이라는 동굴 내부에서 약속을 캐내는 광부가 될 수 있어야 한다. 깜빡거리고 희미한 야간 조명 불빛을 받으며, 어둠 속에서 동굴을 탐험해 가는 사람 말이다. 성경에서 왜 약속을 찾아야 하는가? 하나님은 "자기 백성의 처한 조건이 헤아릴 수 없이 다양함에도 불구하고" 이를 대처하고 적용하는 데 가능한 소망의 말씀을 주셨기 때문이다. "그것이 아무리 특이한 시련일지라도, 그분은 단 하나의 시련도 간과하지 않으신다."[9]

이 광산 내부에서 구체적으로 무엇을 찾아야 하는가? 우리는 '우리의 처지와 유사한 다른 신자의 사례들'을 찾아야 한다. 우리의 상황과 그들의 사례가 "보다 정확하게 일치할수록 그로 인해 얻게 될 위로는 더욱 커진다." 그리고 우리가 우리 자신의 처지와 유사한 상황을 발견할 때, 우리는 "우리의 현 상황에 걸맞는 하나님의 은혜가 담긴 특정한 말씀"[10]을 찾아내고자 애쓴다.

---

9   위의 책, 73.
10 위의 책.

그러나 우리는 우리의 상황과 일치하지 않는 것은 피해야 한다. 우리는 모세나 한나, 마리아나 베드로가 아니다. 그들의 사명은 그들에게만 주어진 고유한 것이다. 하지만 그들이 지녔던 공통된 인간성, 인간적인 감정, 생각, 실패, 시련, 기쁨 등에는 공감한다. 우리는 하나님께서 우리와 공통된 방식으로 그들과 관계하셨음을 본다. 확신하건대, 그들에게 보이셨던 하나님의 속성이 지금 우리에게도 동일하게 적용될 것이다.

그러므로 우리 자신을 성경의 이야기 안에 욱여넣으려는 시도는 하지 말아야 한다. 마치 어떤 광산업자가 보물이 있을 법한 곳을 채굴해 보지만 결국 거기서 아무것도 얻지 못하는 것이 다반사이듯, 우리 역시 성경을 채굴하는 과정에서 생기는 어려움과 실수를 기꺼이 받아들여야 한다. 스펄전은 이렇게 말한다. "여러분이 영감으로 기록된 말씀을 여기저기 찾아본다 해도, 자신에게 꼭 맞는 사례를 찾기란 힘들 것입니다."

곤고한 심령은 성경 속 이야기가 자신이 당면한 문제에 꼭 들어맞지는 않을 거라는 의심의 근거를 찾게 됩니다. 그러고는 그것이 지금 당장 겪는 문제에 적합하지 않다고 여겨, 언젠가 다시 사용할 날을 위해 그 옛 책(성경) 속에 그대로 남겨 둡니다. 하지만 당신은 이내 성경 속 이야기를 다시 뒤지기 시작할 겁니다. 그러다가 마침내 어떤 약속이 눈앞에

나타나면, 그 약속이 마치 어떤 자물쇠를 위해 준비해 놓은 한 열쇠가 정확히 들어맞는 것처럼, 지금 상황에 정확히 들어맞을 말씀으로 다가올 겁니다.[11]

잠시 여기서 스펄전이 하려는 말을 시편 기자의 입을 빌려 적용해 보자. 시편 77편을 예로 생각해 보면, 거기에는 절망에 빠져 불면의 밤을 보내며 불안과 근심에 사로잡힌 한 인물이 등장하는데, 그에게는 하나님을 생각한다는 것이 더욱 큰 고통만을 일으킬 뿐이었다. 그는 환난을 당하는 동안 하나님이 자기 곁에 계시지 않은 듯 보이는 상황 때문에 질문을 쏟아낸다. 하지만 이후 이 절망에 빠진 시편 기자는 자신이 알고 있는 성경의 이야기를 묵상하기 시작한다. 앞에는 바다가 가로막고 뒤로는 바로의 군대가 장악하고 있어 절체절명의 위기에 빠진 모세와 이스라엘 백성의 상황을 묵상한다. 빠져나갈 방법이 없는 상황. 우울감에 짓눌린 그는 그 이전의 이야기를 바탕으로 자기 자신과 우리를 향한 하나님의 '더 큰 이야기'를 묘사한다.

주의 길이 바다에 있었고 주의 곧은 길이 큰물에 있었으나
주의 발자취를 알 수 없었나이다
주의 백성을 양 떼같이 모세와 아론의 손으로 인도하셨나이다
(시 77:19-20)

---

11 위의 책.

우울감에 짓눌렸던 그는 모세의 이야기와 자신의 이야기가 일치하지 않는다고 생각했다. 그는 하나님께서 임재와 사랑의 표시로 실제 바다를 갈라 주시겠다는 약속을 하셨다고 믿지 않았다. 하지만 그는 그때 바다에 갇혀 버린 사람들의 이야기와 자기 삶의 이야기가 통한다고 생각했다. 그들을 보이지 않는 발자국으로 큰물 가운데서 건지신 그 동일하신 하나님께서 지금 자신이 갇혀 있는 처지 속에서도 동일한 마음, 임재, 구원을 베풀어 주실 수 있다는 걸 깨달았다. 그들에게 앞으로 나아가는 길은 바다를 통과하는 길이었다.

시편 기자는 이 진리를 자신의 것으로 삼았다. 비록 하나님이 눈에 보이지는 않으시지만, 자신이 처한 막다른 자리에서도 자기를 통과시켜 인도해 주실 것이라 믿었다. 이 시편의 주인공은 이러한 그분의 속성을 하나님께서 자신에게도 똑같이 역사하실 것이라는 보증으로 받아들였다.

이처럼, 스펄전이 우울증을 앓는 이들을 위해 다시 찾아보라고 권면했던 성경이라는 광산에는 야곱의 절뚝거림, 요셉의 눈물, 욥의 고통, 다윗의 시, 엘리야가 보인 죽음에 대한 갈망, 여러 탄식, 바울의 육체의 가시 등의 이야기가 있다. 그리고 우리가 익히 알고 있는, 예수님께서 겟세마네 동산에서 겪으신 고통스러운 경험 또한 **빼놓을** 수 없는 이야기 중 하나이다.

하지만 우리가 처한 상황에 걸맞는 약속의 말씀을 찾아내는 것이 과연 무슨 의미가 있을까? 그저 적당한 때마다 꺼내 놓는 자기 계발 구호나 진부한 긍정 문구들에 불과하진 않을까?

약속 붙들기

스펄전은 아니라고 답한다. 그 약속은 공허한 말이 아닌 살아 계신 하나님의 말씀이기 때문이다. 그 말씀을 붙든다는 것은 곧 하나님을 붙드는 것과 같다. 우리는 그 약속을 붙들어 스스로에게 도움을 주지만, 실제로 주어지는 도움은 절대로 우리 자신에게서 나오는 것이 아니다. 대신에 우리는 우리보다 앞선 세대의 사람들처럼 살아간다. 우리도 그들처럼 우리의 비참한 현실을 놓고서 하나님과 관계를 맺으며 기도하고 목 놓아 울부짖을 수 있다. 이것이야말로 약속의 핵심이다. 약속은 우리를 기도의 자리로 인도한다. 침울한 순간, 바로 그 순간에도 우리는 하나님과 인격적 관계를 맺는 모습을 갖추게 되는 것이다.

스펄전은 묻는다. "기도란 무엇인가?" 그리고 다음과 같이 대답한다. "약속을 붙들며 간구하는 것 말고 또 무엇이겠는가?" 그러고는 약속과 기도에 관한 자신이 살아온 삶의 방식을 우리에게 들려준다.

 저는 어려움을 겪을 때, 제 필요에 정확히 들어맞는 약속을 찾아 그 위에 손을 모으고서 이렇게 기도하기를 좋아합니다. "주님, 이것은 주님의 말씀입니다. 이 말씀을 제 삶 속에서 이루어 주셔서, 이 말씀이 주님의 말씀이라는 것이 증명되기를 간절히 소원합니다. 주님께서 이것을 친히 기록하셨음을 믿사오니, 이 믿음대로 말씀을 이루어 주옵소서." 그렇습니다. 저는 성경의 완전 영감을 믿습니다. 따라서 기록된 그분의 모든 말씀 한 구절 한 구절이 온전히 성취되기를 바라며 겸손히 기다립니다.[12]

스펄전이 기도를 위해 반복적으로 사용했던 약속의 말씀 중 하나는 시편 103편 13절이다. "아버지가 자식을 긍휼히 여김같이 여호와께서는 자기를 경외하는 자를 긍휼히 여기시나니." 예수님은 하나님을 하늘에 계시며 사랑 많으신 아버지로 여기며 기도하라고 가르치셨다. 그러한 예수님과 같이, 스펄전은 이렇게 말한다. "가장 비천한 자리에 있을지라도 우리는 '우리 아버지여'라고 부를 수 있고, 앞이 보이지 않는 어둠 속에 있거나 매우 연약해진 상태에서도 어린아이같이 '아버지여, 도우소서! 아버지여, 구하소서!'라며 소리를 높일 수 있습니다."[13]

---

12 위의 책, 42.
13 Charles Spurgeon, *C. H. Spurgeon's Autobiography 1856-1878*, 248 (http://books.google.com).

하나님은 자신이 우리의 연약함을 긍휼히 여기시는 아버지 같은 분이라고 말씀하신다. 그러므로 우리는 그분의 말씀을 그대로 받아들이고, 이 약속을 붙들고서 간구하며 기도한다. 우리는 실제로 우리가 겪는 역경의 순간 속에서 주님의 긍휼이 나타나기를 바란다.

스펄전은 자신이 '예수님 안에서 하나님께 귀히 사랑받는 자녀다'라는 그 약속에 호소했던 개인적인 일화를 자주 들려주었다. 통풍으로 인한 극심한 고통 때문에 심신이 녹초가 되어 울부짖는 방법 외에는 더 이상 버틸 수 없는 상태에서, 그는 성경에 나오는 '아버지의 긍휼'이라는 약속을 근거 삼아 하나님께 부르짖었다.

주님, 주님은 저의 아버지시며, 저는 주님의 자녀입니다. 그리고 아버지이신 주님은 온유하심과 자비하심이 충만하십니다. 주님께서 제게 가하시는 고통처럼 제 자식이 고통을 당한다면, 저는 차마 견딜 수 없을 것입니다. 할 수 있는 모든 일을 하여 아이를 돕고 팔로 안아 주며 넘어지지 않게 할 것입니다. 아버지여, 주님의 얼굴을 내게서 숨기시렵니까? 여전히 제게 그 무거운 손을 얹으시고 주님의 얼굴에서 나오는 미소를 거두시겠습니까?[14]

---

14 위의 책, 247.

그렇게 기도할 때, 비로소 스펄전은 설명할 수 없는 안도감을 얻어 마침내 쉴 수 있었다. 나중에 그를 본 사람들은 그 무렵 그의 건강과 안색이 눈에 띄게 달려졌음을 알아차렸다.

그러한 약속에 호소하고 그 호소에 대한 응답을 경험하는 것은, 우리로 하여금 감사와 찬양의 근거를 갖게 해 준다. 그리고 그 근거를 스스로 되새기며, 상황이 다시 어려워질 때 다시금 그때의 기억을 떠올릴 수 있게 해 준다. 이전의 은혜에 대한 찬양과 간증들은, 비록 안개가 그 빛을 가린다 해도 밤바다 위에서 여전히 빛난다. 비록 우리에게 가려져 보이지 않는다 해도, 우리를 아는 사람들의 기억 속에서 여전히 빛나고 있으며, 우리를 지키시는 그분의 의해 확보된 소망의 증거로서 빛을 발한다.

이런 이유로 스펄전은 하나님의 약속을 생각지 않고서 고난을 대처하려는 사람들을 볼 때마다 마음 아파했다. 그러나 그는 피상적인 약속을 남발하는 사람은 아니었다. 그리고 심신의 질병이 완전히 치료되지 않은 사람으로서 이 '약속이라는 치료제'를 이야기했다. 그는 밤바다에서 어둠과 안개 속을 꿰뚫는 등불을 가리키며 우리를 그 빛으로 이끌었다. 이를 통해 우리는 심신이 상한 사람의 강인한 믿음을 배우며, 소망을 품은 사람의 용기를 바라보게 된다.

우리는 무엇을 배우는가?

1. **약속은 마법이 아니다.** 약속은 마법의 주문이라기보다는 연애편지에 가깝고, 면책 특권이라기보다는 진리의 선언에 가깝다. 그것은 종종 삶을 벗어나기 위한 통로를 만들어 주기보다는, 우리를 괴롭히는 대상에 대해서 견딜 수 있는 능력을 갖추게 한다.

2. **약속은 우리의 바람과 다르다.** 우리의 바람이 하나님께 아무리 소중하고 귀하다 할지라도 말이다. 우리는 열심히 기도한다. 우리와 우리가 사랑하는 이들을 향한 하나님의 은혜의 마음을 알기 때문이다. 하지만 우리의 바람과 하나님의 약속이 항상 일치하는 것은 아니다.

3. **약속은 약속다워야 한다.** 우리의 바람과 하나님의 약속을 구별해야 할 뿐만 아니라, 우리가 의지하는 것이 하나님께서 실제로 약속하신 것인지 확인할 수 있도록 돕는 방편이 필요하다. 예를 들어, 스펄전은 하나님께서 부와 건강, 시련이나 고통 혹은 이생의 죽음에 대해 면제해 주시겠다 약속하셨음을 믿지 않았다. 하나님께서 약속하신 것은 우리와 함께하시겠다는 것. 즉 우리와 함께 우시고, 우리와 함께 기뻐하시고, 우리를 도우시고, 우리를 강하게 하시고, 우리를 버리지 않으

시고, 모든 악한 것과 끔찍한 것을 우리와 함께 이겨 내어 끝까지 함께하시겠다는 것이다. 주님의 사랑·목적·선하심은 결코 멈추지 않을 것이며, 그 어떤 가증스러운 것들도 그것을 결단코 이겨 낼 수 없을 것이다. 이러한 류의 "우리와 함께, 우리를 위하시고, 우리를 이해하시며, 우리를 갈라놓을 수 없는" 약속들은 잘 익어 맛보기를 기다리는 열매와도 같다. 반면, 건강, 부, 면역을 보장한다는 약속들은 벌레 먹은 사과와 같다. 겉보기에는 좋아 보이지만, 한 입 크게 베어 먹으면 그 속이 드러나기 마련이다.

4. **약속은 우리를 다시 예수님께로 향하게 한다.** 스펄전의 "슬픔의 사람", "십자가와 빈 무덤의 승리" 등의 설교를 통해서 우리는 왕의 신분을 지닌 채 고난받으시는 분에 대한 교훈을 배운다. 하나님의 약속은 주 안에서 "예와 아멘"이 된다(고후 1:20). 그분이 최종 결정을 내리신다. 그분은 우리가 제대로 붙잡을 힘조차 없을 때에도 우리를 구하러 오시는 분이시다. 그분은 우리의 눈을 바라보시며 이렇게 말씀하신다. "내가 너를 구하러 왔다. 본향이 기다리고 있다. 이제 그 어떤 것도 우리를 다시는 갈라놓지 못할 것이다. 그 어떤 것도!"

10장
자연적 도움

 고통 속에서는 인내가 필요하고, 영적 우울증을 겪을 때는 소망이 필요합니다. … 우리 하나님은… 우리가 짊어진 짐을 덜어 주시거나 그 짐을 짊어질 수 있는 강한 힘을 주실 것이며, 필요를 줄여 주시거나 공급을 늘려 주실 것입니다.[1]

새로 단장한 방에 함께 모인 우리는 둥글게 원을 그리며 섰다. 1년 전, 바로 이 방에서 비참하게 스스로 생을 마감한 젊은 참전 군인을 위해서, 우리는 눈물을 흘리고 훌쩍거리며 그를 추모했다. 친구, 가족, 이웃들은 한 사람씩 생을 달리한 친구에게 감사의 말을 전했다.

몇 달간, 이 방은 텅 비어 있었다. 아무도 방에 들어갈 엄두를 내지 못했다. 고통과 망상이 사람들의 머릿속을 휘저으며 괴롭혔다. 탁자 위 성경이 펼쳐져 있던 그 방에서 끔찍한 일이 벌어졌기 때문이다.

---

1 Charles Spurgeon, *Sword and Trowel*, January 1877 (Ages Digital Library, 1998), 15.

가구와 카펫은 훼손되어 아무도 보지 않는 밤에 옮겨졌다. 그러나 1년이 지난 지금, 그 방은 새롭게 바뀌었다. 오래된 기억들이 새로이 품었던 소망들과 맞닿았다. 우리는 위험을 무릅쓰고 그 방에 들어가 울며 기도했다.

그의 가족이 내게 성경을 읽고서 간단하게 몇 마디 전해 줄 것을 요청했다. 시작한 지 얼마지 않아 누군가 키득거리는 소리가 들렸다. 개의치 않고 성경을 읽으며 짧게 그 뜻을 설명하고 있는데, 또 어떤 사람이 키득거리기 시작했고, 이어서 또 다른 사람이 같이 키득거렸다. 정신을 차리고 엄숙한 목소리로 성경을 읽어 내려갔다. 그러자 마치 헬륨 풍선이 가방에서 툭 튀어나와 터져 버린 것처럼, 웃음이 일시에 터져 나와 방 안을 가득 채웠다! 여전히 성경을 든 채 엄숙한 표정을 짓고 있는 나를 제외하고 모든 사람이 웃고 있었다. 누군가 사과를 하며 머쓱하게 자초지종을 설명했다.

"목사님, 죄송합니다. 목사님 때문에 웃는 게 아닙니다. (살짝 키득거리며 사람들이 숨을 들이쉬는 소리) 계속 읽어 주십시오. (조금 커진 키득거리며 숨을 들이쉬는 소리) 저기, 사실 제리가 좀 전에 살짝 방귀를 뀌었거든요. (훨씬 커진 키득거리며 숨을 들이쉬는 소리) 방귀를 참으려는 제리의 표정과 성경을 읽으시는 목사님의 표정을 번갈아 보다 보니 그게…."

이렇게 되자 우리는 모두 너나 할 것 없이 함께 웃음을 터뜨렸다. 더 이상의 말이 필요 없었다. 우리는 계속 웃었고, 또 웃었다. 잠시 후, 우리는 마음을 가다듬고 코도 풀며, 미소를 주고받으면서 서로를 감싸안았다. 그러고서 다시 나는 하나님의 약속에 관한 성경 말씀을 읽기 시작했다. 어떻게든 그 엄숙함은 끔찍한 기억의 토양에서 꽃을 피워 현재를 살아가는 사람들의 삶 속으로 스며들었다. 이 웃음 덕분에 우리의 눈물에 숨 쉴 공간이 허락되었다.

웃음의 묘약

수년 넘게 사람들과 슬픔을 나누며 보내는 사이, 나는 친구들이 모여 함께 애도하고 이야기를 나눌 때, 눈물의 바다 속에서도 간헐적으로 웃음이 파도처럼 밀려와 빛을 발하는 경우가 있음을 목격했다. 당신도 이런 장면을 목격한 적이 있는가?

스펄전은 잠언 17장 22절을 인용한다. "마음의 즐거움은 양약이다." 그는 이 지혜의 말씀을 단지 슬픔뿐만 아니라 우울증에까지 적용하며, 이렇게 말한다. "쾌활함은 설망이 감히 건드리지 못하는 무거운 짐을 거뜬히 짊어질 수 있게 합니다."[2]

이 우울한 사람은 유머를 찾을 수 있는 곳이라면 어디든 그것을 쫓

---

2 Charles Spurgeon, "Bells for the Horses(말방울)," *Sword and Trowel*.

으려는 듯했다. 강단에서 던진 유머 때문에 사람들의 입방아에 오르내리는 일부터 *John Ploughman's Talk*(존 플라우먼의 이야기)와 *Salt Cellar*(소금 통)이라는 재미있는 일화들의 모음집을 내기까지 했던 스펄전은, 쾌활한 분위기가 가득한 곳에서 의도적으로 쾌활한 모습을 보이기도 했다. 이런 모습을 그의 친구 윌리엄 윌리엄즈(William Williams)는 아래와 같이 잘 묘사하고 있다.

스펄전은 정말 유머가 샘솟는 사람이었습니다! 정말이지 지금까지 살면서 그와 함께 있을 때를 제외하고 이렇게 많이 웃어 본 적이 없습니다. 그는 정말로 매혹적인 웃음의 은사를 가지고 있었으며, … 또한 자기 이야기를 듣는 모든 사람을 웃게 만드는 매우 탁월한 능력을 가지고 있었습니다.[3]

스펄전의 초기 전기 작가 중 한 명은 정서적으로 우울하고 사색이 깊다는 공통점 때문에 스펄전과 에이브러햄 링컨 두 사람을 비교했다.[4] 그런데 이 두 용맹한 사람에게는 또 하나의 공통점이 있었는데, 바로 자신들의 침울한 정서를 해소하기 위해 익살스러운 유머를 찾고 모으는 삶의 방식을 가지고 있었다는 것이다.[5] 우리도 이처럼 침울한 마음을 해소하기 위해 유쾌한 이야기와 일화를 모으는 일상의

---

3 Larry J. Michael, "The Medicine of Laughter: Spurgeon's Humor(웃음의 약: 스펄전의 유머)" (https://thirdmill.org/newfiles/lar_michael/lar_michael.Laughter.html).
4 Justin D. Fulton, *Charles H. Spurgeon: Our Ally* (Philadephia: H.J. Smith & Co., 1892), 256.
5 Joshua Shenk, *Lincoln's Melancholy*, 113.

수집가가 될 수 있다. 비록 죽음이 우리가 사는 공간을 급습할지라도, 웃음과 인간의 특권을 회피할 필요는 없다. 서리가 온통 뒤덮이고 추위가 극심할지라도, 때가 되면 봄은 오기 마련이다.

계절성 우울증이든 만성 우울증이든, 우울증을 앓는 이들은 약속과 기도, 슬픔의 사람이 주는 은혜로운 권면 이외에도, 자신의 침울함을 자극하지 않고 진정시켜 주는 생활 방식을 찾아야 한다. 우리를 굳건히 붙잡고 계시는 그분은 우리가 사용할 수 있는 여러 도움의 수단들 또한 제공하신다. 스펄전은 평범한 유머 외에 이런 도움의 수단들을 한데 모아 정리해 설명해 주었다. "모든 의료적 지원, 자극제, 강장제, 강연 청취, 그리고 평온한 휴양지에서 차분하게 시간을 보내는 것도 추천합니다."[6]

이러한 도움의 수단들과 제안들이 우리의 하루를 살아가는 방식을 어떻게 새롭게 바꿔 줄 수 있는지 살펴보자. 먼저 '차분한 시간과 평온한 휴양지'부터 시작해 보자.

차분한 시간, 평온한 휴양지

1879년 스펄전은 자신의 바람과는 달리 어쩔 수 없이 3개월간의 휴

---

6 Charles Spurgeon, "Bells for the Horses(말방울)," *Sword and Trowel*.

가를 갖게 되었다. 스펄전을 대신해 상황을 전달해 준 사람들은 그에게 가해진 온갖 '머리와 가슴을 짓누르는 요구들'로 인해 부담이 너무 컸다고 설명했다. 결국 스펄전의 마음과 영혼은 고통스러운 우울증에 빠지고 말았고, "휴식 이외에 회복할 방법이 없었기에"[7] 프랑스의 망통(Mentone)에서 긴 휴가를 보내며 안정을 찾았던 것이다.

사실 스펄전은 수년 동안 휴식할 필요가 없다는 입장을 가져왔다. 하지만 이제 그는 매년 겨울이면 이 따뜻한 햇살과 꽃이 가득한 땅으로 이동하는 생활을 이어 가게 되었다. 그는 그 휴가를 '자연과의 교감'이라 불렀는데, 이는 고통스러운 작업을 수행하는 중에 찾아드는 런던에서의 안개 · 서리 · 습기가 초래하는 침울함과 피로를 덜어 주었다. 춥고 습한 겨울 날씨가 이어지는 나날들은 스펄전의 "예민한 기질에 마치 기압계가 대기에 반응하듯 영향을 주었고, 침침하고 음울한 날들은 그를 우울하게 만들었다."[8]

당시의 심리학자들은 이러한 그의 휴가 방식을 칭찬하며 다음과 같이 말했다. "환자를 둘러싸고 있는 일에 대한 근심이나 가족의 불안으로부터 벗어나게 하고, 상쾌한 기분이 느껴질 만한 교외로 거처를 옮겨 새로운 풍경, 새로운 사람들, 새로운 관심사, 새롭게 생각할 주

---

7 Charles Spurgeon, *Sword and Trowel 1879* (Ages Digital Library, 1998), 522.
8 Charles Spurgeon, *C. H. Spurgeon's Autobiography* Vol. 4.

제 등을 접하게 해 주십시오."⁹

스펄전 역시 사역과 관련하여 자신의 한계를 인정하기 시작했다. 그리하여 추가적인 여행을 요청받거나 설교할 기회가 생길 때면 이를 거절하기도 했다. 물론 자신의 한계를 인정하는 것은 그에게 힘겨운 일이긴 했지만 말이다.

> 영적 우울증과 육체적 고통으로 자주 활동을 멈추게 되는 경우, 그리고 집안일을 묵묵히 해 나가는 경우. 이 두 가지 경우 중 하나를 선택해야 하는 갈림길 앞에 서 있을 때가 종종 있습니다. 우리는 대개 후자를 택하는데, 이는 비교적 조용한 시간을 보내면 나중에 일할 때 더 큰 힘을 가져다주지 않을까 하는 기대가 있기 때문입니다.¹⁰

자연과 휴식을 기반으로 한 나름의 루틴을 찾으려고 노력했지만, 그것이 일하지 않는 날들을 만들어 주지는 못했다. 실제로 스펄전이 남긴 방대한 작업물들이 많은 것을 설명해 주는데, 우선 그가 사람들을 얼마나 어떻게 도왔는지를 알 수 있고, 약함이 있다고 해서 꼭 일에 대한 기여도가 떨어지는 것은 아니라는 것도 알게 된다. 물론 부정적으로는, 그가 정기적으로 일을 쉬어야 했던 이유까지도 알 수

---

9   John Bucknill, *A Manual of Psychological Medicine*, 500.
10 Charles Spurgeon, *Sword and Trowel*, July 1877 (Ages Digital Library, 1998), 161.

있지만 말이다. 핵심은 이러한 루틴과의 씨름이 그의 사역 방식을 다르게 만들었다는 데 있다. 그는 이 루틴을 수용하면 수용할수록 심신의 고통을 훨씬 잘 감내할 수 있었다.

이런 연유로 스펄전은 프랑스 망통에서 지내는 동안에도 종종 가르치고 글을 썼으며, 방문객을 만나며 상담해 주기도 했다. 물론 항상 그랬던 것은 아니고, 매우 제한된 방식으로 이루어졌다. 당시의 의약품이 어떤 이들에게는 큰 도움이 되지 못했기 때문에, 스펄전은 우울증을 치료하는 방법 중 하나로서 자연과 휴식을 추천한 것이다.

그렇다면, 이 방법은 우울증을 앓는 사람들 및 그들과 함께 생활하는 사람들에게 어떤 의미를 부여할까?

1. **자연과 햇빛을 접할 수 있는 방법 찾기.** 이 방법은 "심기증(心氣症)을 앓는 이에게는 최상의 명약이요, 심신이 쇠약한 이들에게는 가장 확실한 강장제이며, 지쳐 있는 이들에게는 최고의 피로 회복제이다."[11]

2. **계절의 리듬을 의식하는 사람 되기.** 날씨, 일, 휴식 등이 자신의 침울한 마음에 어떻게 작용하는지 주의를 기울이라. "정

---

11 Charles Spurgeon, *Lectures to My Students*, 177.

신적인 일에 몰두하고 영적 우울증을 빈번하게 경험하는 사람들에게는 휴식이 유일하지는 않더라도 최고의 약임은 분명하다." 그런 측면에서 "슬픔의 사람들이여, 할 수만 있다면 짧은 기간이라도 일상의 본업에서 벗어나 평온함과 여유를 즐기라."[12]

3. **그러면서, 건강하게 일할 수 있을 만큼으로 업무를 조절하고, 하루를 더 작은 단위로 나누기.** "신경이 예민해지고 괴로울 때, 무엇보다도 가장 좋은 방법은 매우 짧은 기간의 단위로 살아가는 것이다. … 하루 단위로 살아가되, 가능하다면 순간 순간을 살아가라."[13]

이런 방법은 때때로 우울증을 앓는 사람들 및 그들과 함께 살아가는 사람들을 힘들게 한다. 우울증을 앓는 사람들은 효율성이나 기타 여러 측면에서 세상이 요구하는 속도를 따라잡을 수 없다. 우울증을 앓는 사람들은 모든 일에 있어서 더 천천히 움직이고 그만큼 더 오랜 시간이 필요하다. 이는 자신의 힘을 선략적으로 활용하기 위해서이다. 그러나 이렇게 움직이는 방식은 다른 방식으로는 할 수 없는 일을 손쉽게 처리하게 만들고, 다른 방식으로는 얻을 수 없는 성과

---

12 Charles Spurgeon, "A Sermon for the Most Miserable of Men(가장 비참한 사람들을 위한 설교)," *MTP*, Vol. 15 (Ages Digital Library, 1998), 80.
13 Charles Spurgeon, "The Saddest Cry from the Cross(십자가에서 들리는 가장 슬픈 외침)," *MTP*, Vol. 48, 663.

를 산출해 낸다. 우울한 기질을 안고 사는 사람들은 단거리 달리기 대신 마라톤 같은 장거리 달리기를 선택할 때, 혹은 단거리 달리기를 하다 자주 휴식을 취할 때 성공적인 결과를 만들어 낸다. 더 이상 '가장 빠른 방법'으로 '최상의 결과물'을 얻으려고 시도할 필요가 없다. 이를 거부한다는 것은 결국 탈진으로 인해 휴식과 자연을 만끽할 시간을 억지로 만들어 줄 수밖에 없음을 의미한다.

약물 치료제

자연과 휴식만이 유일한 치료제는 아니다. 오늘날 우울증 약물 치료제는 "엘라빌(Elavil), 루디오밀(Ludiomil), 독세핀(Doxepin), 노르프라민(Norprimin), 프로작(Prozac), 리튬(Lithium), 자낙스(Xanax), 웰부트린(Wellbutrin), 파르네이트(Parnate), 나르딜(Nardil), 졸로프트(Zoloft),"[14] 렉사프로(Lexapro), 리탈린(Ritalin) 등이 있다.

스펄전이 살았던 당대에도 우울증 치료 약물이 존재했다. 안티모니 주석산염(Tartrate of Antimony), 칼로멜(Calomel), 모르피아(Morphia), 아편(Opium), 라우다넘(Laudanum) 등이다. 스펄전이 이 중에서 실제로 어떤 약을 복용했는지는 알 수 없다. 다만 그는 일반적으로 아편

---

14 Jane Kenyon, "Having it Out with Melancholy(우울함과 단판 짓기)", *Jane Kenyon: Collected Poems*, 232.

제(Opiate)¹⁵나 라우다넘¹⁶을 영적 생활에 부정적이고 해로운 측면을 나타내는 은유로 언급하곤 했다. 하지만 확실히 말할 수 있는 것은, 스펄전이 약물 치료제를 언급할 때는 최소 세 가지 방식으로 우울증을 앓는 동료들을 도왔다고 하는 것이다.

첫째, 약을 복용하는 것은 전혀 불신앙적이지 않으며, 신앙적으로 현명한 믿음의 행동이라는 것이다. 스펄전은 이렇게 말한다. "맹목적인 믿음만을 가지고서 의사와 처방전을 거부하며 치료를 기대하는 것은 정육점 주인이나 재단사를 무시하고서 그저 믿음만으로 먹을 것과 입을 것을 기대하는 것만큼이나 지혜롭지 못한 행동입니다." 그는 또 이렇게 말했다. "우리가 약을 복용하는 것은 '우리의 모든 질병을 치료해 주시는' 주님에게서 멀어지게 하는 행위가 아닙니다."¹⁷ 또한 야고보서 5장 14-15절을 언급하며 이렇게 말한다. "성령님은 병든 자에 관해 말씀하실 때, 분명히 병자를 위해 약을 사용하고서 회복을 위해 기도하라고 조언하셨습니다."¹⁸

둘째, 스펄전 자신도 약을 복용했다는 것이다.¹⁹ 스펄전은 이런 질문

---

15 [편주] 양귀비에서 직접 추출한 천연 물질을 기반으로 한 마취 작용의 아편 계열 약물
16 [편주] 아편을 에탄올(알코올)에 녹여 만든 액체 약물, 아편 팅크제.
17 Charles Spurgeon, "Beloved, and Yet Afflicted(사랑받는 자, 그러나 고난받는 자)," Sermon 1518 (https://www.spurgeon.org/resource-library/sermons/beloved-and-yet-afflicted/).
18 Charles Spurgeon, "The Oil of Gladness(기쁨의 기름)," Sermon 1273 (https://www.spurgeon.org/resource-library/sermons/the-oil-of-gladness/).
19 Charles Spurgeon, *C. H. Spurgeon's Autobiography*, 369.

을 던졌다. "몸이 아파 약 복용을 처방받은 어떤 이들이 약을 씹어먹었다는 이야기를 들어 본 적 있으십니까? 그것은 정말 구역질이 날 만큼 불쾌한 경험입니다. 제가 그렇게 해 보았거든요."[20]

셋째, 스펄전은 약 그 자체로는 충분하지 않다고 믿었다. 기도, 자연, 휴식, 자극제(stimulants), 강장제(cordials), 강연을 듣는 것까지도 필수적인 요소라는 것이다. 그 당시의 심리학 이론 또한 약이 도움이 되기는 하지만, 대부분의 경우 약만으로 치료가 이루어지지는 않는다는 입장이었다.

대신, '위생적(hygienic)' 지원과 '도덕적(moral)' 지원이 추가적으로 필요했다. '위생적' 지원에는 따뜻한 목욕, 냉찜질, 교외로 이사하기, 숙면 등이 있으며 '도덕적' 지원에는 오늘날 상담 요법과 목회적 돌봄 등으로 일컬어지는 형태를 가리킨다. 대부분의 우울증 앓는 사람들이 경험한 바에 따르면, 이와 같은 지원이 이러한 다양한 의료 처치법이 효과를 거두는 데 있어 꼭 필요하다는 점을 입증하고 있다.[21]

오늘날 의약품은 극적으로 발전했다. 그러나 이런 약물들이 상당

---

20 Charles Spurgeon, "Salvation by Knowing the Truth(진리를 앎으로 얻는 구원)," *MTP*, Sermon 1516 (https://www.spurgeon.org/resource-library/sermons/salvation-by-knowing-the-truth/).
21 John Bucknill, *A Manual of Psychological Medicine* (London, 1858), 498 (https://archive.org/details/b21270843/page/n5/mode/2up).

한 도움을 제공함에도 불구하고, 일부 장기간 우울증을 앓는 이들은 수년간 약물에 얽매여 있다고 느끼면서 지칠 수 있다. 혹은 필요한 도움을 받으면서도, 자신들이 높이 평가하는 여러 성격적 측면이 무뎌지거나 효과를 잃게 되는 방식으로 도움을 얻기도 한다. 또 어떤 사람들은 약물이 자신에게 전혀 도움이 되지 않는다고 단언하기도 한다.[22]

요컨대, 신체적·정신적 질병을 위한 약물 치료는 하나의 도움이요 혜택이지만, 아무리 좋은 약물이라도 여전히 한계가 있다. 누군가에는 유용하지만, 또 누군가에는 전혀 무용할 수 있다는 것이다. 따라서 스펄전은 우리가 간과해서는 안 될, 약물 외에 다른 종류의 '치료제'에 대해서 자주 언급한다.

자극제, 강장제, 균형 잡힌 식사, 강연 듣기

A Manual of Psychological Medicine 1858(정신 의학 지침서 1858)에 따르면, 포트 와인(Port Wine)[23]이나 에그 플립[Egg Flip, 따뜻한 에그노그(Egg Nog)[24]에 에일(Ale)[25]과 럼(Rum)을 섞어 만든 음료]이 우울증에

---

22 Joshua Shenk, *Unholy Ghost*, 254.
23 [역주] 포르투갈 도루 지방에서 생산한 포도로 만드는 와인.
24 [역주] 우유, 크림, 설탕, 달걀, 분말 계피 등으로 맛을 내는 음료이며 다양한 알코올을 첨가하기도 함.
25 [역주] 중세 영국에서 유래했으며 홉을 사용하지 않고 양조한 맥주의 한 종류.

도움이 된다고 한다.[26] 마찬가지로, 당시 강장제는 항상 그런 것은 아니지만 보통은 어떤 종류의 알코올이나 아편을 함유한 시럽이나 음료를 가리키는 용어였다. 사람의 두피에 거머리를 올리고, (논란의 여지가 있었지만) 의료용 메스로 피를 빼 내는 방법이 사용되던 시대에, 알코올을 전략적으로 사용하여 약물·휴식·식이 요법 등을 보완했던 것이다.

이러한 측면에서 스펄전의 삶은 끊임없는 논란의 중심에 있었다. 스펄전이 절주(節酒)했다는 점을 증명하고 싶어 하는 사람들이 있었는데, 그들은 스펄전이 금주 운동 지지자였고 성찬식에서도 포도즙(주스)를 사용한 사실을 지적한다. 또 어떤 사람들은 그의 젊은 시절 음주 습관을 언급하는데, 여기에 그가 자극제로 시가(cigar)를 사용했다는 사실까지 더하면, 독자들은 왜 바로 이 시점에 내 모든 발언을 분석하며, 내가 다음에 쓸 문장들로 이 책의 가치를 결정하려는지 이해하게 될 것이다.

이 주제는 우리로 하여금 시험에 들게 한다. 극심한 우울증의 고통과 씨름하는 많은 사람이 그 고통에서 벗어나기 위해 종종 약물이나 알코올에 취함으로써 피난처를 찾으며, 얼마 동안은 그 감각이 무뎌져 도움이 되는 듯 보인다. 하지만 시간이 흐를수록 우울증에 중독

---

26 John Bucknill, *Manual of Psychological Medicine 1858*, 532–33.

증세까지 더해져 결국 어렵고 힘든 싸움만 더해질 뿐이다. 우울증에 대한 부끄러움은 얼마지 않아 중독이라는 부끄러움까지 덤으로 떠안게 되는 것이다. 그러니 당연히 그 짐이 무거워지고, 심지어 침대가 우리의 온몸을 묶어 두는 쇠사슬처럼 여겨지게 되는 것이다.

따라서 스펄전이 미숙한 의료 지원을 받으면서 경험한 육체적·정신적 고통의 크기를 고려했을 때, 그가 어느 정도의 자극제와 강장제를 사용했던 것은 그리 놀랄 일이 아니다.

- **아편제와 라우다넘을 부정적인 의미로만 알고 있던 것과는 달리, 스펄전은 그리스도인의 생활이 가진 긍정적 측면, 즉 회복과 격려를 묘사하는 은유로서 자극제와 강장제를 정기적으로 사용했다.** 따라서 자극제와 강장제라는 말 자체가 그 당시의 침례교 신자들이나 자신에게 있어 하등의 문제가 되지 않았다. 존재했던 여러 형태의 자극제와 강장제는 용인 가능한 수준이었고, 긍정적인 시각으로 바라볼 만했다.

- **스펄전은 의사가 처방한 의료용 자극제를 사용했다.** 1892년, 스펄전의 동생 제임스는 다음과 같이 기록한 바 있다. "저는 사랑하는 형이 중독을 일으킬 수 있는 강력한 음료를 내내 멀리했고 죽을 때까지도 그러했다는 것을 장담할 수 있습니다. 의학적인 측면에서 나는 형이 어떤 형태의 자극제를 받아들

였을 수 있다는 점을 의심하지 않으며, 그런 상황에서는 처방된 어떤 약이라도 복용했을 것입니다. 하지만 그 외의 어떠한 형태나 종류의 약물도 절대 복용하지 않았다고 확신합니다. 형이 약물을 무분별하게 복용했다고 말하는 사람이 있다면, 그것은 정말 잘못된 이야기입니다."[27] 스펄전은 알코올을 선택하거나 술에 취하는 방식을 택하지 않았다. 물론 많은 이들이 그렇게 함으로써 잠깐이나마 고통을 느끼지 않았을 수 있었겠지만, 그들은 그것이 주는 공허함에 괴로워하며 다른 기쁨마저 빼앗겼다. 그러나 이와 대조적으로, 스펄전은 책임감 있고 의학적인 용도의 정량화된 자극제 사용이 우울증을 앓는 이들에게 도움이 될 수 있음을 입증했다. 지금 우리에게도 그러한 방식이 도움이 될 수 있는 것이다.

- 스펄전은 자극제 사용을 멈추기 전에 유사한 방식으로 시가를 사용하기도 했다. "시가를 피움으로써 극심한 고통이 완화되고, 복잡한 머리는 쉼을 얻었으며, 평온하고 상쾌한 수면을 취할 수 있었습니다. 그럴 때마다 나는 하나님께 감사하며 그분의 이름을 찬양했습니다."[28]

---

27 Justin D. Fulton, *Charles H. Spurgeon: Our Ally*, 263.
28 Charles Spurgeon, *Personal Letter to the Daily Telegraph*, September 23, 1874 (http://www.romans45.org/spurgeon/misc/cigars.htm).

- 스펄전은 또한 온수 목욕을 자극제로 활용하기도 했다. *A Manual of Psychological Medicine*(정신 의학 지침서)는 머리에 냉습포를 대는 온수 목욕 처방을 기록하고 있다. 그는 이런 종류의 수(水)치료를 활용했다.[29] 일상에서, 혹은 적절한 시간에 온수 목욕을 루틴으로 삼으면 어떤 사람들에게 도움이 될 수 있다.

- **음식에 주의하고 절식하는 것도 고통을 줄이는 데 의학적 도움이 되었다.**[30] 음식에는 심신에 영향을 미치는 힘이 있다. 음식이 정신적 불안에 어떤 역할을 하는지 주의를 기울이는 것은 매우 가치 있는 일이다.

스펄전은 자연, 휴식, 약물 치료, 웃음, 의사가 처방한 자극제, 목욕 이외에도 우울증의 고통을 돕는 방안으로 강연 듣기의 유익을 언급했다. 강연은 교육과 대화를 포괄하는 개념이다. 치료, 목회적 돌봄, 설교, 지도, 교육, 그리고 대화와 같은 언어적 도움은 매우 중요하다. 그래서 이 책의 현재까지의 내용이 다양한 형태의 우울증에 관하여 우리가 말하거나 경청해야 할 부분에 초점을 맞추어 왔다.

그러나 설교, 토론회, 상담 모임에도 한계는 있다. 스펄전은 우리에

---

29 Charles Spurgeon, *C. H. Spurgeon's Autobiography.*
30 위의 책, 369

게 이와 같이 상기시킨다. "아픈 사람은 교육 그 이상의 것을 원합니다. 그들은 우리에게 강장제(스펄전이 의미하는 격려)와 더불어 자신을 지지해 주길 바랍니다."[31] 이러한 다양한 도움의 필요성을 인식하지 못했다면, 당대의 심리학자들조차도 다음과 같이 동의했을 것이다. "어떤 목사가 신학자가 될 수 있을지는 몰라도, 목회자로서는 무능할 수 있다."[32] 만약 정신적인 고통을 호소하는 이웃을 돕기 위해 그저 기도와 설교만을 제공한다면, 이는 몸과 영혼의 필요와 더불어 하나님께서 은혜롭게 베푸신 자연의 수많은 선물을 과소평가하는 것이다.

우리의 영혼이 도움받을 수 있는 구원자는 만물을 창조하신 그분과 동일한 분이시다. 그분의 창조 세계에 담긴 자연적 도움의 수단들은 약속 및 기도와 어우러져 우리의 힘을 북돋아 주는 바람직한 일상과 삶의 방식을 형성하게 해 준다.

칼리니 효과

스펄전은 자신의 설교, "A Sacred Solo(성스러운 독창)"에서 의사를 찾아간 한 남자의 이야기를 들려준다. 그 남자는 의사가 자신에게 닥

---

[31] Charles Spurgeon, "The Glorious Master and the Swooning Desciple(영광스러운 스승과 매혹적인 제자)," Sermon 1028, *MTP*, Vol. 18 (https://www.spurgeon.org/resource-library/sermons/the-glorious-master-and-the-swooning-disciple/).

[32] John Bucknill, Manual of Psychological Medicine 1858, 548.

친 영혼의 쇠약과 습관적인 절망을 치료해 줄 약을 처방해 주길 바랐다. 그런데 의사는 약 처방을 해 주었을 뿐만 아니라, 유머, 농담, 코미디 연기로 유명했던 칼리니의 공연을 관람해 보라고 제안해 주었다. "칼리니도 당신의 우울함을 해결해 주지 못한다면, 아무도 그것을 해결해 줄 수 없을 겁니다." 의사는 자신 있게 말했다. 그러자 그 환자가 이렇게 말하는 것이 아닌가. "아이고! 선생님, 제가 그 칼리니입니다."[33]

약물, 재미난 유머, 휴식, 자연, 목욕, 식이 요법, 무리하지 않을 만큼의 하루 스케줄, 치료 및 목회적 상담 등은 각기 우리를 돕는 수단들로서, 우리 곁에 있고 크나큰 도움을 제공한다. 우리는 이러한 좋은 선물들을 활용함으로써 우리의 일상을 바꾸고 재조정하는 법을 배운다. 스펄전은 살면서 때때로 이 선물들에 힘들어하고 저항하기도 했다. 또 어떤 때에는 과로와 불충분한 휴식 및 식이 요법으로 인해 그와 같은 도움에 의지할 수밖에 없는 처지가 되기도 했다.

그런데 이런 도움들만으로는 부족하다. 이 도움들은 서로를 필요로 하며, 동시에 "슬픔의 사람(Man of Sorrow)"(사 53:3)에게 의존해야 한다. 스펄전은 그것을 알고 있었고, 이제 우리 역시 알게 되었다. 우리가 흔히 간과했던 평범한 선물들이 이제 우리가 의존해야 할 바

---

[33] Charles Spurgeon, "A Sacred Solo(성스러운 독창)," *MTP*, Vol. 24 (Ages Digital Library, 1998), 498, (https://www.spurgeon.org/resource-library/sermons/a-sacred-solo/).

로 그 도움인 것이다. 부끄러워할 필요 없다. 느리거나 뒤처진 것도 아니다. 현명하면 된다. 우리는 정신이 맑은(고통이 없는) 사람들조차 좀처럼 배우려 하지 않는 의미·아름다움·깊이·현실을 파악하는 능력을 발견하는 중이다.

11장
죽음이 아닌 삶을 선택하라

 이생에서 겪는 수많은 고통과 어려움을 생각했을 때, 지금보다 더 많은 사람들이 스스로 목숨을 저버리지 않는다는 사실이 저는 매일 놀랍기만 합니다.[1]

낙심은 종종 우리가 하나님의 도우심을 인식하지 못하도록 방해한다. '슬픔의 사람'에게 확실한 소망의 근거가 존재함에도, "깊은 우울증에 빠지면, 마음은 그 어떤 근거 하나 기억하지 못하고 그저 말할 수 없는 비참함만을 의식할 뿐이다."[2] 앉아서 설교를 듣고 있기 어려워지고, 성경 구절을 인용해 말하려는 친구는 마치 편두통에 시달리는 사람 곁에서 소리를 지르는 사람처럼 느껴질 뿐이다. 약속과 기도는 희미해지고, 휴식·의약품·목욕·유머나 대화는 점점 무의해진다.

1　Charles Spurgeon, "Chastisement(징벌)," *NPSP*, Sermon 48, *The Spurgeon Archive* (https://www.spurgeon.org/resource-library/sermons/chastisement/).
2　Charles Spurgeon, "Israel's God and God's Israel(이스라엘의 하나님, 하나님의 이스라엘)," *MTP*, Vol. 14, 238.

우리가 이 비참함만을 의식한다면, 우리는 누군가를 짝사랑하는 사람이 처한 처지와 유사해진다. 좀 더 은유를 해 보자면, 우리는 그 사랑하는 사람이 다른 사람과 결혼하여 나 없이도 행복한 삶을 살아가는 소식을 들어야 하는 상황이다. 청첩장을 받아서 결혼식에 참석했지만, 신랑·신부 사이에 오가는 사랑의 대화와 그 친밀감, 가족과 친구들의 축배와 환호 소리 등이 우리가 떠안고 살아가야 할 결핍·불안·배제와 같은 감정만을 증폭시킬 뿐이다. 이것이 바로 하나님을 향한 마음 상태와 같다는 말이다. 시편 기자가 읊어 준 말이 우리의 마음을 그대로 대변한다. "내가 하나님을 기억하고 불안하여 근심하니 내 심령이 상하도다, 셀라"(시 77:3).

그러므로 하나님에 관한 "모든 증거가 흐릿해지고 모든 즐거움이 도망치듯 사라져 버리는 때가 찾아온다. 여전히 십자가를 붙들고 있다 하더라도, 그것은 절망에 빠진 채 매달려 있는 것일 뿐이다."[3]

죽음에 대한 갈망

가감 없이 솔직하게 말해서, 때때로 우리는 또는 우리가 사랑하는 사람들은 우울증을 앓다가 죽고 싶다는 마음이 들기도 한다. 약속이나 기도, 약이나 따뜻한 목욕물도 이 죽음에 대한 갈망에서 벗어나

---

[3] Charles Spurgeon, "The Frail Leaf(연한 잎사귀)," *MTP*, Vol. 57, 590.

게 해 줄 수 없다. '슬픔의 사람'처럼 야위고 지친 상태에 있는 것이다. 그런데 그분과 달리, 우리는 앞에 놓인 기쁨을 보지 못한다. 더 이상 '더 큰 이야기'를 부여잡고 있을 여력이 없이 고통의 누적만 또렷하게 의식한다. 소망의 끈을 놓아 버린다. 말하자면 죽음이나 무덤 너머의 예수님에 대한 소망을 선택하게 된다는 뜻이다. 그리고 남은 사람들은 충격과 상실감에 빠져 애처롭게 울부짖는다.

스펄전은 이러한 죽음에 대한 갈망을 알고 있었다. 그는 욥의 이야기에서 그 갈망의 언어를 발견했다. 욥의 이야기는 욥이 당한 비참한 상태를 묘사하여 심신의 고통 속에서 왜 죽음을 갈망하는지를 드러낼 뿐 아니라, 그토록 비통한 언어를 표현하도록 하시고 그것을 성경이라 부르신 하나님의 은혜를 보여 준다.

혹시 내가 말하기를 내 잠자리가 나를 위로하고
내 침상이 내 수심을 풀리라 할 때에
주께서 꿈으로 나를 놀라게 하시고
환상으로 나를 두렵게 하시나이다
이러므로 내 마음이 뼈를 깎는 고통을 겪느니
차라리 숨이 막히는 것과 죽는 것을 택하리이다
내가 생명을 싫어하고 영원히 살기를 원하지 아니하오니
나를 놓으소서 내 날은 헛것이니이다
사람이 무엇이기에 주께서 그를 크게 만드사
그에게 마음을 두시고
아침마다 권징하시며 순간마다 단련하시나이까

주께서 내게서 눈을 돌이키지 아니하시며
내가 침을 삼킬 동안도 나를 놓지 아니하시기를
어느 때까지 하시리이까? (욥 7:13-17)

스펄전은 이러한 비통함에 관한 신성한 말들을 인용하여 자신에게 적용한다. 죽음을 갈망하는 사람은 그를 통해 공감하는 인물 하나를 발견하게 될 것이다. 그리고 그는 "저 역시 욥과 같이, '내 영혼이 생명을 싫어하고 영원히 살기를 원하지 아니하오니'라고 말할 수 있었습니다. 비참한 상태에서 벗어나기 위해 기꺼이 저 자신에게 끔찍한 일을 저지를 수도 있었죠"[4]라고 간증했다.

스펄전은 죽음에 대한 갈망을 한 번 이상 느껴 봤다고 했다. 그리고 그는 열왕기상 19장 4절에서 죽기를 바라며 기도한 엘리야를 염두에 두며 다음과 같이 말했다. "저는 영혼의 괴로움 속에서 종종 죽기를 바라며 기도한 사람을 알고 있습니다."[5]

---

[4] Charles Spurgeon, "The Shank-Bone Sermon: Or, True Believers and their Helpers(정강이뼈 설교: 참된 신자와 그 조력자)," *MTP*, Vol. 36, 252.
[5] Charles Spurgeon, "Elijah Fainting(쇠약해진 엘리야)," *MTP*, Vol. 47 (Ages Digital Library, 1998), 273 (https://www.spurgeon.org/resource-library/sermons/elijah-fainting/).

죽고 싶을 때, 제정신인지 확인하라

스펄전은 한때 죽기를 바랐던 자신의 이야기를 들려주며, 이런 경험을 나 혼자만 겪는 것이 아님을 깨닫도록 도와준다. 심지어 한 걸음 더 나아가, 그는 죽음보다 더한 불행이 이 세상과 인생 속에 존재한다는 사실을 확인시켜 주는데, 흑암이 유일한 친구가 되었을 때 느끼는 감정을 묘사하는 시편 88편을 인용하며, "육체의 죽음보다 더한 비참함이 우리 머리 위에 공포스러운 그림자를 드리운다"라고 선언한다. 그러한 경우에 그는 "우울한 영혼 때문에 자기 삶이 생지옥이 되어 버린 이들에게는 죽음이 오히려 안식으로서 환영받을 수도 있다"[6]라는 사실을 인정했다.

스펄전은 예수님께서 "내 마음이 매우 고민하여 죽게 되었으니"(마 26:38)라고 말씀하셨던 것을 상고하며, 그때는 죽음이 훨씬 작은 고통인 듯 느껴진다고 강조한다. 그리고 이 말씀에서 죽음이 어째서 안식을 제공하는지에 대한 보다 깊은 고백과 설명을 발견한다. 즉, 너무나 연약하여 실제로 살아 있다는 것을 서의 인지하지 못하는 상태, 마치 "거의 살아 있지 않은" 것처럼 느끼고 고통 또한 극심하기에, 차라리 의식을 잃어버리기를 바라는 것이다.[7]

---

6 Charles Spurgeon, "Psalm 88(시편 88편)," *The Treasury of David*, *The Spurgeon Archive*.
7 위의 책.

따라서 스펄전은 고통으로 인해 죽음에 대한 갈망을 가진 사람들을 상황과 동떨어진 비판이나 무정하게 신앙을 점검하는 방식으로 대하지 않았다. 깊이 있는 헤아림과 긍정적인 마음으로 접근했다. 왜? 그 사람을 이해하기 위해, 그리고 그 사람에게서 이해받기 위해….

스펄전은 엘리야를 예로 들면서 이러한 답을 내놓는다. "엘리야가 마음이 병들어 죽기를 갈망했던 것은 세상에서 가장 합리적인 모습입니다."[8] 왜냐하면 그의 비참함은 망상이 아닌 실제였기 때문이다. 다시 말해, 엘리야가 죽음을 갈망했던 것은 정신 착란 증세가 아니라, 오히려 그 반대라는 것이다. 스펄전은 이렇게 제언한다. "죽음에 대한 갈망이 지혜와 지식, 현세에 대한 전반적인 조사를 통해 비롯된 것이라면, 그것은 매우 온당합니다."[9]

이와 마찬가지로, 욥이 하나님께 "어찌하여 날리는 낙엽을 놀라게 하시냐?"(욥 13:25)라며 묻는 것에 대해, 스펄전은 고통받는 이들을 변호하며 그 물음이 정당하다고 인정한다. "질병에 시달리고 격렬한 고통과 번민으로 괴로워하는" 사람들이라면, 그들의 "고난이 조금이라도 지속될 때, 차라리 사는 것보다 죽는 것이 낫다"[10]라고 느끼는 것에 충분히 공감할 수 있지 않겠느냐는 것이다.

---

8   Charles Spurgeon, "Faintness and Refreshing(기력의 쇠함과 회복)," *MTP*, Vol. 54, 588.
9   위의 책, 586.
10 Charles Spurgeon, "The Frail Leaf(여린 잎사귀)," *MTP*, Vol. 57, 589.

우리는 이미 우울증이 불러일으키는 여러 비이성적 현상들을 살펴본 바 있다. 허구의 공포, 소스라칠 듯한 기억, 전혀 일어날 리 없는 상상의 비극은 사람의 사고를 괴롭히는데, 그것은 마치 창밖의 나무를 보고서 창문 너머로 몰래 안을 엿보는 스토커로 착각하여 느끼는 두려움과 같은 것이다. 그러나 스펄전은 그 고통이 설령 상상의 비극에서 비롯된 것일지라도, 그 고통 자체는 실제적이라는 사실을 일깨운다. "어떤 사람들은 지나칠 만큼 예민하여 하늘이 무너질까 봐, 땅이 꺼질까 봐 두려워한다." 물론 그런 사고는 비이성적인 것이다. "그러나 그로 인해 겪는 심리적 동요는 매우 실제적이다. 그 심리적 동요를 농담거리로 삼아 정신적 고통을 가중시키는 사람이 있다면, 그에게는 그리스도의 정신을 거의 찾아 볼 수 없는 것이다."[11]

고통받는 이들 사이에서 이 죽음에 대한 갈망은 그들이 결코 다 헤아릴 수 없는 수수께끼와 마주하게 한다. 이는 그들을 사랑하는 이들로서는 도무지 공감하고 싶지 않은 것이기도 하다. 스펄전은 "엘리야가 왜 로뎀나무 아래에 몸을 숨겨야만 했는지 우리로서는 이해하기 어려울 수 있습니다"라며 그를 인정한다. 그러나 그는 이어서 "우리가 직접 그 로뎀나무 아래에 몸을 맡길 때, 한때 엘리야도 그곳에 앉아 있었다는 사실을 기억하게 되어 기쁩니다"라고 말한다. 즉, "동굴 속 은신처로 몸을 숨길 때, 이스라엘의 위대한 선지자였던 사

---

11 Charles Spurgeon, "Helps to Full Assurance(온전한 확신에 이르는 도움)," *MTP*, Vol. 30, 516.

람도 앞서 그곳에 숨어 있었다는 것을 기억하는 것은 우리에게 위안의 근거가 되는 것이다."[12]

그러므로 성경에 담긴 하나님의 은혜 자체가 다시금 강조된다. 성경 곳곳에서 "한 성도의 경험이 다른 성도에게 교훈이 되는"[13] 묘사들이 등장한다. 심지어 '성도'조차 죽음을 갈망하기도 한다. 온갖 슬픔이 밀려드는 와중에 우리 역시 "사는 것을 미워한다"(전 2:17)라고 말할 수 있고, 욥, 예레미야, 솔로몬처럼 우리도 세상에 태어나지 않았으면 더 좋았으리라고 생각할 수 있다.

지금 이 순간, 이 책을 잠시 내려놓는 독자들이 있을지 모르겠다. 깊음을 가늠하기 어려운 심연이 사람들을 목숨을 끊고 싶은 갈망으로 끝끝내 유인하고 만다는 사실에서, 잠시 책 읽기를 멈추어 그것이 얼마나 비참한가를 공감하며 마음에 연민을 품은 채 울며 기도할지도 모르겠다. 그리고 그들이 날마다 죽음이 아닌 다른 선택을 한다는 것이 얼마나 용기 있는 믿음이 필요한 행동일는지도 생각하게 된다. 어느 날 한 사람이 무너져 내릴 때, 그를 붙잡아 주시는 은혜의 팔은 이토록 강하고 은혜롭다.

그러므로 당신이 두려움 때문에 누군가를 돌보는 사람으로서 경청

---

12 Charles Spurgeon, "Elijah Fainting(쇠약해진 엘리야)," *MTP*, Vol. 47, 272.
13 위의 책.

하는 일을 피하거나, 자기 확신 때문에 고통받는 사람으로서 대화하는 일을 피함이 없도록 주의하라. "자기 슬픔에 대해 털어놓을 수 있다는 것은 종종 놀라운 안도감을 준다." 스펄전은 "참고 견디며 침묵하라. 너의 비참함을 아무에게도 말하지 말라"라고 썼던 찬송 작사가의 생각이 잘못된 생각이라고 말한다. 그는 오히려 이렇게 덧붙인다. "당신의 마음속 짐을 누군가에게 털어놓는 행동은 참으로 달콤한 일입니다."[14]

죽기를 바라는 어리석음을 드러내라

지금까지 우리는 우울증을 앓는 사람들의 삶 속에 죽음에 대한 갈망이 있을 수 있음을 확인해 왔다. 이러한 사실이 그들을 사랑하는 이들에게는 두렵게 느껴질 수 있지만, 고통받는 이들에게는 어떤 정당성을 부여해 준다고도 했다. 하지만 이제, 우리가 직면한 진짜 문제는, 이 죽음에 대한 갈망 자체가 아니라 이 갈망을 충족시키기 위해 선택하게 되는 허상과 잘못된 치료책에 있다. 스펄전은 이렇게 가르친다. "죽음에 대한 갈망이 단지 격한 감성의 산물, 마치 아이가 부모에게 대들듯 하나님을 대항하는 마음에서 나온 것이라면, 그것은 지혜가 아닌 어리석음에 가깝고 경건이 아닌 객기 어린 언동에 가깝습니다."[15]

---

14 위의 책, 281.
15 Charles Spurgeon, "Faintness and Refreshing(기력의 쇠함과 회복)," *MTP*, Vol. 54, 586.

'예수님과 복음'이라는 '더 큰 이야기'가 시야에서 가려질 때, 죽음을 갈망하는 사람들은 자기 정죄(self-condemnation)를 하면서도 자신도 모르는 사이에 스스로를 마치 모든 것을 아는 사람처럼, 매우 중요한 존재의 자리에 올려놓는다. 그런 상태에서 마치 만물박사가 된 듯 행동하며, 우리에게 다가올 수 있는 미래의 유익이 이미 사라져 버렸다고 선언해 버린다. 그들의 비참함이 비극적 오만함으로 물들어진 것이다. 그들의 고통은 자기 이성을 비합리적 망상에 빠뜨린다. 마치 신과 같은 자리에 앉은 사람처럼, 비극적이면서도 잘못된 방식으로 이렇게 선언한다. "나는 이제 다시는 선한 것을 보지 못할 거야." 즉, 모든 것을 '전부 아니면 전무(all-or-nothing)'라고 여기는 흑백 논리의 왜곡된 확신이 그들의 신념 속 깊이 스며든 것이다.

스펄전은 "Paul's Desire to Depart(죽기를 갈망한 바울)"[16]과 같은 설교에서 이기심에 빠뜨리는 이와 같은 흑백 논리에 대한 논리적 확신이 가진 비극을 지적한다. 다음은 예수님의 능력이 현재적이며 동시에 미래적이라는 것을 부정하는 말들이다.

- 상황은 언제나 힘들고, 인생은 늘 안 좋은 일뿐이에요.
- 사람들이란 정말 지독한 존재들이에요. 절대 바뀌지 않고 항상 잘못된 행동을 일삼을 거예요.

---

16 Charles Spurgeon, "Paul's Desire to Depart(죽기를 갈망한 바울)," *NPSP*, Sermon 274 (https://www.spurgeon.org/resource-library/sermons/pauls-desire-to-depart/).

- 저는 실망에 찌들었고 실패했습니다. 그들, 혹은 그것 없이 저는 아무짝에도 쓸모가 없습니다. 그들이나 그것 없이도 살 수 없고, 실패하지 않고서도 살아갈 수 없습니다.
- 너무 부끄러워요. 사람들이 나의 수치에 대해 조롱하는 걸 도저히 감당하며 살 수 없어요.
- 저는 부당한 대우를 받고 있고, 앞으로도 계속 그럴 거예요. 절대 예전처럼 돌아갈 수 없을 거예요.
- 저는 구닥다리며 고집쟁이입니다. 저에게 새로운 일이 일어날 리 없습니다.
- 제가 원하는 걸 얻지 못했어요. 제 방식대로 얻을 수 없다면 아무 소용이 없어요. 저는 제 방식대로 원하는 것을 얻을 거예요. 그럴 수 없다면 아예 포기할래요.
- 저는 죄를 범했습니다. 끔찍한 짓을 저질렀죠. 제가 범한 잘못에서 결코 회복될 수 없을 겁니다.

삶을 선택하지 않으면 안 되는 이유

"우리의 미래는 어둡기만 할 것이다"라는 이러한 흑백 논리식 선언에 맞서기 위해, 스펄전은 고린도전서 2장 9절을 인용하며 반박한다. 그는 그 말씀을, 우리가 하나님의 그늘 아래서 쉬게 되리라는 약속으로 제시한다. "하나님이 자기를 사랑하는 자들을 위하여 예비하신 모든 것은 눈으로 보지 못하고 귀로 듣지 못하고 사람의 마음으로 생각하지도 못하였다." 이렇게 미래를 알 수 없는 인간의 무능력은 두 가지 부류의 죽음에 대한 갈망에 모두 해당된다.

첫째로, 스펄전은 예수님과 함께하고 싶어 죽기를 갈망하는 사람에게 답하면서, 앞서 언급한 엘리야 이야기의 나머지 부분을 떠올려 보라고 말한다. 만일 호렙산 위에 있던 순간이나 나봇을 대신하는 순간, 혹은 엘리사와 함께하는 순간이나 선지자 학교를 위한 순간, 아니면 불 병거의 경이로운 역설을 대하는 순간에 담긴 의미를 상기했더라면, 엘리야는 아마 그 모든 사건이 일어나는 순간까지 살고 싶었을 것이다. 우리도 마찬가지이지 않을까.

스펄전은 이렇게 촉구한다. "형제 여러분, 여러분에게 살아야 할 이유가 얼마나 많이 남아 있는지 모릅니다. 그러니 살아가십시오. 자매 여러분, 여러분도 죽음에 대해 더 이상 이야기하지 마십시오. 여러분에게도 해야 할 일들이 너무도 많이 남아 있습니다. 여러분은 조만간 꿈꾸는 사람처럼 될 겁니다. 여러분의 입술에는 웃음이 가득하고, 여러분의 혀에는 찬양이 가득하여 '여호와께서 우리를 위해 큰일을 행하셨도다'라고 말하게 될 것입니다!"[17]

그렇다. 엘리야가 "여호와여 넉넉하오니 지금 내 생명을 거두시옵소서"라고 한 말은 잘못된 판단의 기도였다. 넉넉하지 않았다. 그는 틀

---

17   Charles Spurgeon, "Elijah Fainting(쇠약해진 엘리야)," *MTP*, Vol. 47, 284.

렸다. 고통이 속삭이는 미래를 내다보는 능력에 관한 거짓말에 속았고, 그의 미래는 진리 안에서 복으로 충만해 있었다.

하나님의 놀라운 은혜를 생각해 보자. 욥, 모세, 엘리야, 요나와 같은 사람들은 숨김없이 죽고 싶은 심정을 표현했다. 하지만 자신들의 갈망에 대한 응답은 하나님께 맡겼다. 그들은 자신들의 생사를 스스로 결정하지 않고 하나님께서 결정해 주십사 요구했다. 그 일이 얼마나 어려운 일인지, 장담컨대 대부분의 사람이 헤아릴 수 없을 만큼 굉장히 어려웠을 것이다.

하지만 때로는 가장 용기 있는 믿음과 지혜의 행동이, 정신적으로 괴로워하며 죽기를 갈망하면서 무너진 채 은혜의 보좌 앞에서 붙들려 있는 한 인간의 모습일 수 있다. "사람들은 여러분을 어리석다고 생각하고, 신경과민이라 부르며, 스스로 다시 일어서라 명령하듯 말하지만, 그들은 여러분의 사정을 전혀 모릅니다. 만약 그들이 여러분의 사정을 이해했다면, 그런 훈계로 여러분을 조롱하지는 않았을 것입니다."[18]

둘째로, 스펄전은 그리스도인들뿐만 아니라 예수님 아닌 다른 이유로 죽기를 갈망하는 사람들에게까지 이야기했다. 그는 먼저 다른 사

---

[18] Charles Spurgeon, "The Agony in Gethsemane(겟세마네 동산의 고뇌)," *MTP*, Vol. 20 (Ages Digital Library, 1998), 739.

람의 증언을 통해 설득하려 한다. 사도 바울은 앞에서 언급한 스스로 목숨을 끊을 수밖에 없도록 하는 부정적인 경우들을 거의 모두 경험했다. 가혹한 상황에 처하고, 대적자들과 다투었으며, 실망감과 당혹감에 빠지기도 했다. 부당한 대우와 고난, 고령의 나이로 인한 어려움, 끔찍한 일들로부터 오는 죄책감 등, 이 모든 경험이 바울이 살아온 삶의 줄거리를 이룬다. 그러나 예수님 안에서 바울은 새로운 정체성과 새로운 삶을 발견했다. 한때 없어서는 안 될 것 같던 재물과 평판 없이도 살 수 있다는 것을 알게 되었다. 지난날에는 참을 수 없었던 것들, 당혹스러운 상황, 중상모략, 수치심, 부당한 대우 등을 받아도 살아갈 수 있다는 사실을 발견하게 된 것이다. 용서는 선한 삶을 살기 위한 길을 닦아 주었다. 그것은 과거에 필수적으로 소유해야 한다고 생각했던 삶과 전혀 다른 삶이지만, 훨씬 더 나은 삶이었다.

바울은 이 은혜를 예수님께로부터 받았다. 예수님은 수많은 실망과 가혹한 상황에 빠지셨고, 끊임없이 부당한 대우를 받으셨으며, 자신이 짓지도 않은 죄에 대한 가책까지도 짊어지셔야 했다. 하지만 괴로움과 무기력 속에서 불안감과 패배감을 맛보며, 절망하여 두려움 가운데 뇌가 멈춘 듯한 경험을 해 온 사람들은, 이 예수님 안에서 이전에 결코 알지 못했던 사랑과 치유를 발견한다. 주님께서 깊은 우울에 빠지셨던 동산, 온몸으로 고통당하신 십자가, 죽음을 이기신 승리, 그리고 지금 우리를 초청하시는 그 중보가 당신과 나의 절망

가까이에 현실적 소망을 가져다준다는 것이다.

이러한 이유로, 스펄전은 이러한 예수님의 은혜로 구원받지 못한 사람들에게까지도 무슨 수를 써서라도 스스로 목숨을 끊으려는 유혹에 저항해 달라고 간청했다. 저편에서 주님께서 기다리고 계시지 않는다면, 스스로 목숨을 끊는 행위는 낚싯바늘을 숨기고 있는 미끼와 같다는 것이다. 그러한 죽음은 고난에 처한 누군가를 돕거나 구제하기는커녕, 오롯이 절망의 근접성만을 높이는 꼴이다. 그리고 이 죽음의 순간에는 현실적 소망이나 그밖에 다른 어떤 소망도 찾을 수 없을 것이다.

우리는 무엇을 배우는가?

1. **가장 진실한 그리스도인도 우울증을 경험하고 죽음을 갈망할 수 있다.** "우리는 이제까지 알려진 존재 중 가장 이상한 모순적 혼합체이다. 누구도 우리 자신을 온전히 이해할 수 없을 것이다." 그러하기에, 의심은 신실한 자들도 끊임없이 따라다니며 괴롭힐 수 있다.[19]

2. **가장 진실한 그리스도인도 어리석은 행동을 할 수 있다.** 용기

---

19 Charles Spurgeon, "Sweet Stimulants for the Fainting Soul(쇠잔한 영혼을 위한 달콤한 자극제)," *MTP*, Vol. 48, 578.

있는 신자가 죽음을 바라보며 두려워 떤다는 것은 "이상한 일이다. 하지만 우리는 정말로 이상한 피조물이다. 여기 있는 사람 중에 이따금 어리석은 행동을 하지 않는 사람은 아무도 없다. 그런 면에서 강단에 서 있는 설교자는 여러분보다 확실히 더할 것이다."[20]

3. **우리는 한 번도 자신이 직접 경험한 적 없는 비참함을 극복해 보려고 애써 노력하는 사람들에 대해 섣불리 판단하지 말고 매우 신중해야 한다.** "엘리야가 그랬던 것처럼, 우리도 막다른 궁지에 몰리면, 우리의 어리석음이 드러날 것이다. 그는 살기를 간구했어야 마땅했지만, 오히려 죽기를 간구했다."[21] "시험받을 때는 당신도 다른 사람들과 똑같이 약해지기 마련이다."[22]

4. **의심하는 그리스도인일지라도, 하나님께 버림받은 것은 아니다.** "누구도 엘리야가 하나님의 자녀였다는 사실을 의심하지 않는다. 그가 로뎀나무 아래에서 쇠약해져 앉아 있을 때조차도, 하나님께서 그를 사랑하셨다는 사실에 의구심을 품는 사람은 없다." 설령 우리와 엘리야가 하나님께서 "허락지 않으

20　Charles Spurgeon, "Elijah Fainting(쇠약해진 엘리야)," *MTP*, Vol. 47, 278.
21　위의 책.
22　위의 책, 275.

시는 사사로운 열정"을 그 나무 아래에서 품고 있었을지라도, "주님은 엘리야를 버리지 않으셨고, 당신 또한 버리지 않으실 것이다."[23]

5. **우리는 오직 하나님의 은혜로 지금의 우리가 되었다.** 엘리야의 좌절하는 모습은 우리에게 다음을 상기시켜 준다. "엘리야는 원래부터 강한 사람이 아니었다. 하나님께서 주신 힘으로만 강할 수 있었다. 그 하나님의 힘이 사라지자, 그는 다른 사람들과 다를 바 없는 존재가 된 것이다."[24] "그는 하나님의 모든 백성이 그러하듯 실패했다. 신·구약 성경에 나오는 어떤 인물의 일대기에서도 이와 다른 예외적인 이야기를 결코 찾아볼 수 없다."[25]

무너진 소망을 재건하라

스스로 목숨을 끊는 행위는 '용서받을 수 없는 죄'가 아니다. 이 극악한 행위 때문에 예수님을 따르는 자들이 지옥에 떨어지는 것은 아니라는 말이다. 이 사실은 남아 있는 우리와 우리가 사랑했던 이들에 대한 희망을 준다. 그러나 스스로 목숨을 끊기로 선택한 이들뿐 아

---

23 위의 책, 273.
24 위의 책, 273.
25 위의 책.

니라 그들을 사랑했던 남겨진 이들에게도, 슬픈 결과는 남기 마련이다. 다른 죄들이 그리스도에 의해 값을 치렀듯, 스스로 목숨을 끊는 죄 역시 마찬가지이다. 하지만 다른 죄들이 우리 자신과 타인에게 피해를 입히듯, 이 스스로 목숨을 끊는 죄 역시 예외는 아니다.

이는 경험할 수 있었던 미래를 스스로 포기하는 것이다. 나를 사랑하는 사람들과 내가 사랑했던 사람들에게 극심한 상처를 남기는 것이다. 예수님께서 우리를 구원해 내시기 위해 죽기까지 하신 바로 그 절망과 어둠 속으로 스스로 걸어 들어가게 되는 꼴이다. 용서받았고, 주님과 함께 본향에 거하게 되는 것은 맞다! 확실하다! 하지만 그 과정에서 예수님께서 감당해 주셔야 할 대가와 그분의 손으로 치유해 주셔야 할 상처들이 참으로 많이 생기게 된다.

사랑하는 이를 떠나 보내고 남겨진 사람들은 그 끔찍한 장면들로 영원히 상처 입은 심상과 기억 속에 갇혀 살아가게 된다. 사랑, 시간, 재능, 의미의 상실이 그들의 마음을 찢어 놓고 바꾸어 놓는다. 어쩌면 이전보다 더 자주 화를 내고, 마음이 더 딱딱하게 굳어 버릴지도 모른다. 불면의 밤을 보내거나, 예전보다 더 우울한 삶을 살 수도 있다. 그 이기적인 선택을 용서함에 있어서 누군가의 도움이 필요할 것이다. 심지어 스스로 목숨을 끊는 행위를 모방하고 싶은 유혹까지 받을 수 있고, 공동체에 갑절의 해악을 끼칠 수도 있다.

그리고 만약 그가 예수님을 믿지 않던 사람이었다면, 그가 천국에 없으리라는 끔찍한 상상을 하며 살아가는 것 또한 괴로운 일이다. 통제할 수 없는 사람들과 선택들 위에 역사하시는 하나님의 은혜를 붙잡기 위해 몸부림칠 수 있다. 마지막 자신을 해하려는 순간에, 하나님의 은혜가 그를 일으켜 세워, 그가 주님을 의지하며 부르짖었을 것이라고 힘겹게 상상하는지도 모른다. 이렇게 온갖 상상을 하는 사이, 우리는 알 수 없는 미지의 고통을 겪는다.

소망은 산산이 부서지고, 모든 의도와 목적은 몽땅 파괴되었을지 모른다. 그러나 예수님 안에는 '더 큰 이야기'가 존재한다. 시간이 지나면, 무너진 소망조차도 다시 재건된 소망이 될 수 있다. 그것이 단지 십자가와 빈 무덤뿐 아니라 겟세마네 동산과 땀처럼 흘린 핏방울에 뿌리를 둔 현실적 소망이라면 말이다. 그러는 동안 스펄전의 말과 기도가 우리 고백이 된다.

우울한 영혼 때문에 자기 삶이 생지옥이 되어 버린 이들에게는 죽음이 오히려 안식으로서 환영받을 수도 있습니다. 그렇다면, 선한 사람들도 이런 식으로 고통받을 수 있는 걸까요? 물론입니다. 그들 중에는 평생 그 고통에 속박당해 사는 이들도 있습니다.

오, 주여, 소망의 포로 된 자들을 자유케 하옵소서! 애통하는 주님의 사람들 가운데 그 누구도 자신에게 이상한 일이 일어났다고 여기지 않게 하옵시고, 오히려 이 광야를 먼저 걸어간 형제들의 발자취를 보며 기뻐하게 하옵소서.[26]

---

26   Charles Spurgeon, "Psalm 88(시편 88편)," *The Treasury of David, The Spurgeon Archive*.

12장
슬픔이 주는 유익

 낙심함이 종종 우리에게 일어날 수 있는 가장 좋은 일이 되기도 합니다.[1]

위기를 겪게 된 초기에, 이를테면 누군가 항암 치료 부작용으로 구토를 하는 때라든지, 성폭행을 당한 후에 몸을 씻어 내는 때라든지, 실직의 충격을 받아들이는 중이라든지, 자녀의 무덤 옆에서 울고 있는 때라든지, 그러한 때에 스펄전이 말한 윗말을 그대로 옮겨 말하는 것은 아주 어리석고 매정한 행동이다. 그런 순간에 어떻게 해야 하는지, 우리는 욥의 친구들이 보여 준 언행에서 가장 좋은 본보기를 배울 수 있다.

그것은 바로 아무 말 없이, 재 가운데 함께 앉아, 우는 이들과 함께 울고, 하나님을 먼저 이야기하기보다 하나님께 그들에 대해 더 많이

---

[1] Charles Spurgeon, "Sweet Stimulants for the Fainting Soul(쇠잔한 영혼을 위한 달콤한 자극제)," *MTP*, Vol. 48, 581.

아뢰는 것이다. 즉, 이런 끔찍한 일이 닥친 초기에는 하나님의 손에 있는 은혜와 시간이 얼마나 큰 변화를 만들어 낼 수 있는지를 굳이 선언할 필요가 없다. 아무 말 없이 침묵함이 가장 현명한 행동이다.

스펄전 당대의 심리학계 일부 인사들 역시 이를 잘 이해하고 있었다. 우울증을 앓는 이들이 있다면, '도덕적' 도움을 주려 하기 전에, 먼저 시간을 들여 말없이 돌봐 주고, 기타 위생적 · 의료적 도움을 통해 현재 트라우마로 인한 불안과 정서를 회복할 수 있도록 길을 터 주어야 한다는 것이다. 고통이 줄고 정신이 맑아질 즈음이면 크래커나 얼음 같은 것들을 다시 뱉어내지 않고 씹어 삼킬 수 있게 되는데, 그러면 점차 침묵이 말문으로 이어져 천천히 대화의 물꼬가 트이며, 얼마 가지 않아 이 모든 일에 대한 하나님과 그분의 목적에 대해 함께 이야기를 나눌 수 있게 된다.

그러고 나서 우리는 다시 본론으로 돌아가 그 오래된 질문을 함께 한 번 더 던질 수 있게 되는데, 하나님을 믿든, 하나님에 대해 의심하든, 이 오래된 질문은 예나 지금이나 동일하다. 인류 전체 역사의 공통된 질문, 고통받는 이들이 알고 싶어 하는 그것. 바로 '왜?'이다.

베들럼을 바라보며

우리는 그것을 전혀 모르지 않는다. 최악이라 할 만한 정신 장애를 포함하여 다양한 형태로 존재하는 슬픔의 '정체(what)'를 두고서 많은 것을 설명할 수 있다. 예를 들어, 스펄전은 성누가병원(Saint Luke's Hospital)에서 이어진 거리 바로 아래에 있는 교회를 담임하며 목회했다. 그는 병원 복도를 따라 걸으며 목격했던 장면들을 이렇게 묘사했다. "저는 뼈가 부러진 사람들, 신체를 자유로이 움직이지 못하는 장애인들, 불치의 병자들, 몸을 가눌 수 없을 만큼의 경련으로 몸부림치며 괴로워하는 환자들, 인간으로서는 참기 힘든 고통을 호소하는 사람들을 목격했습니다."[2]

또한 스펄전은 그 거리 아래쪽에, 자신이 지금 말하는 곳에서 그리 멀지 않은 곳에 "돔(dome) 하나가 서 있다"라며 이야기를 들려준다. 그의 목소리가 곧 눈에 띄게 진지해졌다. "저는 그 돔이 있는 건물이 존재한다는 사실에 하나님께 감사드립니다. 하지만 저는 그곳을 바라볼 수가 없습니다." 아마도 그는 자신의 정신이 무너질 뻔했던 위태로웠던 과거의 시간을 떠올렸던 것 같다. 스펄전은 잠시 말을 멈추었다가 다시 이야기를 이어 갔다. "그곳을 바라볼 때마다, 제 이성을 지켜 주신 하나님께 감사하는 마음을 올려 드릴 수 있기를 바랍니다."[3] 스펄전이 언급한 돔은 바로 베들레헴 정신병원, 현재 베들럼(Bedlam)이라고 부르는 곳이다.

---

2   Charles Spurgeon, "Overwhelming Obligations(저항할 수 없는 의무)," *MTP*, Vol. 16 (Ages Digital Library, 1998), 33.
3   위의 책, 33.

그러면서 그는 베들럼 병원의 복도를 떠올린다. 연민과 신비감이 섞인 어조로 스펄전은 우리의 부서진 정신의 '정체'가 무엇인지에 대한 묘사를 이어 나간다. "우리가 지니고 있던 능력을 빼앗기고, 지독하고 분노 어린 광기의 폭풍 속에서 정신이 이리저리 휩쓸리고, 우리가 발휘할 수 있는 모든 것 혹은 심지어 주변 사람들과의 교제마저 차단당하는 환각의 희생자가 되는 것을 결코 작은 불행 정도로 치부할 수 없습니다."4

베들럼 병원은 스펄전으로 하여금 '이성 전체를 상실하여 고통받는 이들'의 관해 이야기하도록 만들었다. 그러나 그는 하나님과 그분의 은혜가 가혹한 조건에 처한 인간을 어떻게 설명하는지 이해하려 노력하는 것에서, "그 어떤 실제적인 결론도 얻을 수 없다"라는 사실을 인정한다. 그러면서 "그러니, 있는 그대로 내버려두겠습니다"라고 말한다.5

이 부분에서 그는 명확한 답을 원하는 우리를 실망시킨다. 하나님의 사람 역시 인간이다. 답은 그도 모르고 우리도 모른다. 단지 우리는 그 '정체'를 묘사할 수 있을 뿐이다. 만약 하나님께서 하나님이시라면, 도대체 왜 인간에게 그러한 고통을 허락하시는지에 대한 이유를

---

4 위의 책.
5 Charles Spurgeon, "A Promise for the Blind(눈먼 자를 위한 약속)," *MTP*, Vol. 55 (Ages Digital Library, 1998), 233.

알 수 없는 것이다.

바꿀 마음이 있는가?

우리는 또한, 다양한 형태의 슬픔과 우울증이 우리 삶에서 '어떻게' 작용하는지에 대해서도 많이 알고 있다. 이 책에서는 그런 고통의 비참한 모습들에 대해서 설명해 왔다. 하지만 의외로 슬픔이 우리에게 놀라운 유익을 줄 수 있다는 점도 기억할 필요가 있다.

실제로 우울증을 앓는 이들 중에는 때때로 이상한 말을 하는 이들이 있다. 자신들이 겪은 고통에 대해 감사하다는 것이다. 물론 모든 사람들이 그렇다는 것은 아니다. 우리는 슬픔이 한 사람을 어떻게 부정적으로 바꿀 수 있는지 잘 알고 있다. 그것들은 우리를 강퍅하게 만들고, 비통하게 만들며, 하나님을 믿는 우리의 신앙을 망가뜨리면서 다른 사람들에 대해 냉소적인 사람이 되게 할 수도 있다. 그러나 고통을 겪지 않길 바라면서도, 그와 같은 고통의 경험이 아니었으면 배우지 못했을 좋은 것들을 깨닫게 되었다고 말하는 이들이 많다. 스펄전도 그런 사람 중의 한 명이다. 그는 이렇게 단언한다. "저는 끔찍한 우울증을 겪은 것에 대해 하나님께 매우 감사하고 있습니다." "절망에 이르기 직전의 상태가 어떠한지, 하마터면 발을 헛디뎌 빠질 뻔했던 어둠의 심연 언저리의 공포스러움이 어떠한지를 잘

알게 되었습니다."⁶

그렇다고 해서 우울증을 겪은 것에 감사하다고 하는 이유는 무엇일까? 그는 이렇게 답한다. "저는 제가 그들의 깊은 절망감을 몰랐다면 줄 수 없었을 도움의 손길을, 똑같은 상태에 처해 있는 형제자매들에게 수백 번이나 내밀 수 있었습니다."⁷ 물론 우리 모두가 스펄전처럼 말할 수 있는 것은 아니다. 우리 각자의 고통이 너무나도 깊기 때문이다. 스펄전이 우울증에 대한 감사의 말을 피상적으로 하지 않았다고 하는 사실이 우리에게 도움이 된다. 그는 때로 같은 주제로 묵상하면서도 다른 결론에 도달하기도 했다. "저는 지금까지 절망으로부터 어떤 유익을 얻었다고 말하는 사람을 본 적이 없습니다."⁸

그가 이와 같이 피상적으로 말하지 않은 것은, 자신의 우울증을 솔직히 드러낸 것이 많은 대가를 치르게 했기 때문이다. 심지어 어떤 사람들은 스펄전과 각을 세우며 그의 우울증을 빌미로 삼아 그가 했던 말을 폄하하거나 무시하기도 했다.⁹ 그럼에도 불구하고, 이러한 고통의 오르내림 속에서 스펄전은 계속해서 자신의 믿음이나 고통

---

6 Charles Spurgeon, *The Soul Winner*, (https://www.spurgeon.org/resource-library/sermons/the-soul-winner/).
7 위의 책.
8 Charles Spurgeon, "A Discourse to the Despairing(절망한 자들에게 주는 교훈)," (https://www.spurgeon.org/resource-library/sermons/a-discourse-to-the-despairing/).
9 Charles Spurgeon, "A Prayer for Revival(부흥을 위한 기도)," *MTP*, Vol. 41 (Ages Digital Library, 1998), 518을 보라. "내가 비관론자라는 둥, 지나치게 예민한 사람이라는 둥 이러저러하게 말을 많이 하지만…"

을 맞바꾸지 않으리라는 확신을 다졌다. 때가 차면 우리 역시 이 놀라운 길을 따라 나아갈 수 있을지 모른다.

저는 지금 여기 있는 대부분의 사람들만큼이나 많은 육체적 고통을 겪어 왔고, 누구 못지않게 영적 우울증에 대해서도 많은 것을 알고 있습니다. … 그럼에도 저는 (가끔 그런 시험을 받기도 하지만) 예수 그리스도를 믿는 믿음을 내어 놓고서, 그것을 이 세상의 가장 건강한 사람과도, 가장 부유한 사람과도, 가장 학식이 있는 사람과도, 가장 저명한 사람과도 바꿀 마음이 전혀 없습니다.[10]

모루, 불, 그리고 해머

가이우스 데이비스 박사(Dr. Gaius Davies)가 저술한 유익한 책 *Genius, Grief and Grace*(천재, 슬픔과 은혜)에는 역사적 측면에서 "대단한 업적을 일궈 낸 많은 영웅들과 천재적인 사람들은 수많은 고통을 당했음에도 불구하고 그 일들을 해 냈다"라고 서술되어 있다. 데이비스 박사는 실제로 "많은 이들이 특별한 시련과 고난을 당한 덕분에 성공을 거두었다고 말한다"[11]라고 했다.

---

10 Charles Spurgeon, "Witnesses Against You(여러분에게 불리한 증언)," *MTP*, Vol 36 (Ages Digital Library, 1998), 40.
11 Dr. Gaius Davies, *Genius, Grief & Grace: A Doctor Looks at Suffering & Success* (Scotland: Christian Focus, 2008), 13.

스펄전도 이를 믿었다. 세상을 떠나기 6년 전, 스펄전이 자기 삶을 되돌아보면서 삶 가운데 선을 행하도록 만드는 고통의 용도에 관한 자기 관점에 대한 이야기를 들어보면, 우리는 놀라지 않을 수 없다.

확신하건대, 온전한 다리로 달렸을 때보다 불편한 다리로 절뚝거리며 훨씬 더 빨리 달리던 때가 있었습니다. 또한 밝을 때에 보았던 것보다 어두울 때 훨씬 더 많은 별들을 더 선명하게 보았다고 확신합니다. 지상의 일은 덜 보았을지언정 하늘의 일은 훨씬 더 많은 것을 볼 수 있었다는 말입니다.

모루와 불, 해머는 우리를 만들어 가는 도구들입니다. 우리가 만들어져 갈 때 다른 어떤 것도 이들 도구만큼의 역할을 하지 못합니다. 육중한 해머가 우리를 내리쳐 모양을 만든 것입니다. 그러므로 고난과 역경, 시련이 다가올 때 이를 거부하지 말고 받아 내십시오.[12]

스펄전의 이 발언에서, 고통에서 벗어나기를 간구했으나 아무 응답도 받지 못했던 사도 바울의 목소리가 들린다. 그리하여 그는 도리어 자신의 약함과 절뚝거리는 모든 것을 자랑하기로 마음먹었고, 그 과정에서 고통이 사라지는 것보다 하나님께서 함께하시는 것이 더

---

12 Eric W. Hayden, *Searchlight on Spurgeon*, 178.

욱 복된 일이라는 사실을 발견하게 된다.

그러므로 스펄전은 일부 사람들이 의심하던 개념, 악이 존재한다고 해서 그것이 곧 하나님의 부재를 의미하는 것은 아니라는 개념을 받아들였다. 더 나아가 고통이 존재함에도 여전히 하나님은 선하신 분이심을 믿었다. 하나님은 그분 자체로 선하실 뿐만 아니라, 고통받는 우리를 향해서도 선하신 분이심을 믿은 것이다. 이 믿음 속에서 그는 힘과 확신, 인내와 회복의 기쁨, 자신이 경험한 평화롭지 못한 고통들을 초월하는 평안을 발견했다.

스펄전은 크나큰 시련과 씨름했던 성경 속 영웅들, 모세·엘리야·다윗·바울과 같은 이들의 이야기 속에서 자신의 이야기를 찾아냈다. 그는 요셉의 말, "악을 의도한 일까지도 하나님은 선으로 바꾸셨다"(창 50:20 의역)을 받아들이면서, 인간의 가장 추악한 선택조차도 우리 삶 가운데 이루고자 하시는 하나님의 선하신 뜻을 막을 수 없다고 믿었다.

요컨대, 스펄전은 하나님께서 왜 그런 일들을 허락하셨는지는 알지 못했다. 하지만 그러한 허락하심 속에서 하나님의 임재를 어떻게 의지해야 하고, 그 일들을 통해 마련해 주시는 유익을 어떻게 받아들여야 하는지를 알았다.

그분의 선하심은 중단되지 않는다

이런 관점에서 보면, 오래된 질문에 새로운 질문이 더해진다. 우리는 "왜 나쁜 일들이 일어나는가?"를 물을 뿐만 아니라 이제는 "왜 좋은 일들은 끊이질 않는가?"라고 놀라워하며 묻게 된다. 스펄전은 슬픔 속에서도 많은 유익을 발견했다. 이 유익들은 우리의 고통·비참·악을 이겨 내게 하고, 궁극적인 승리를 얻게 한다. 아마도 여러분은 이 유익들을 확인하며, 스펄전이 그랬던 것처럼 그 유익들을 고이 간직할 수 없을지도 모른다. 그러나 그 유익을 깊이 묵상하기를 멈추지 말길 바란다. 때가 되면 그 유익들 가운데 몇 가지는 스펄전에게 그러했듯 여러분에게도 소중해질 것이다.

슬픔은 예수님 안에서의 성숙이 어떤 모습인지에 대한 진부한 시각에 저항하도록 가르친다. 믿음이란 밝은 표정만을 짓고 사는 상태를 이르는 것이 아니며, 성숙함이란 아무런 고통을 느끼지 않는 상태를 말하는 것이 아니다. 불안함과 해결되지 못한 문제들 속에서 흐트러져 병상에 꼼짝하지 않고 누워 있는 모습은 결코 악함의 필연적 지표가 아니다. 그 상황을 규정하고 소망을 제공하는 것은 기쁨의 부재가 아니라 예수님의 임재이다. 스펄전은 이렇게 설명한다. "영적 우울증이 은혜가 점차 약해졌음을 나타내는 지표는 아닙니다. 기쁨의 상실과 확신의 부재는 영적인 생활에서 어마어마한 진보가 일어날 때 동반되기도 합니다. … 일주일 내내, 혹은 1년 내내 비가 오는 것을 바라는 사람은 없을 겁니다. 하지만 비가 적절한 시기에 알맞게 온다면 땅은 윤택해지고 시내는 물로 가득 채워질 것입니다."[13]

슬픔은 하나님과의 친밀함을 더욱 깊게 만든다. 어린 시절에 '아버지와 저녁 산책을 나섰을' 때, "종종 우리는 길게 이어진 길을 따라 달리곤 했습니다. 그런데 얼마 달리지도 않았을 때쯤 길에 목줄이 풀린 큰 개 한 마리와 마주쳤습니다. 그때 저는 정말 깜짝 놀라서, 얼마나 아버지 곁에 바짝 붙어 있었는지 모릅니다."[14]

스펄전은 고난 그 자체의 선함이 아닌, 고난 속에 담긴 하나님의 구속 역사를 다룬 내용인 시편 119편을 암송할 수 있었다. "저는 쓴맛 속에도 달콤함이 숨어 있음을 발견했습니다. 폭풍이 쳐 대는 상황 속에서 그리스도와 함께할 때의 안전함은 평온할 때에 결코 느낄 수 없는 것이었습니다. 이처럼 고난당한 것은 제게 참으로 유익이었습니다."[15]

마찬가지로, 그는 자신이 겪은 시련이 실제로 어떻게 예수님을 더 높일 수 있었는지를 강단에서 증거할 수 있었다. "저는 심각하게 아팠고 우울증에 짓눌렸으며 강한 반발심이 일어난 것에 두려움을 느

---

13 Charles Spurgeon, "Sweet Stimulants for the Fainting Soul(쇠잔한 영혼을 위한 달콤한 자극제)," *MTP*, Vol. 48 (http://www.biblebb.com/files/spurgeon/2798.htm).
14 위의 책.
15 Eric W. Hayden, *Searchlight on Spurgeon*, 185.

겼습니다. 그러므로 저는 다시 한번 주님을 바라보았고, 이제 여러분에게 주님을 처음 뵐 때보다 지금 훨씬 더 아름답게 보인다고 말할 수 있습니다."[16]

슬픔은 우리로 하여금 하나님의 복을 더 잘 받아들이게 한다. "때로는 하나님께서 주시는 복을 더 잘 감당할 수 있기 위해, 그리스도인이 먼지를 뒤집어쓴 채 넘어지고 쓰러지게 되는 일이 있습니다. 똑바로 서 있었다면 감당할 수 없었을 복을 쓰러짐을 통해서 비로소 받아 안게 되는 것이지요. 은혜의 짐에 짓눌리는 것, 어마어마한 무게의 복에 짓눌리는 것, 우리 영혼이 그 복으로 인해 넘어지고 쓰러지는 일을 당하지 않았다면, 하나님께서 주시는 그와 같은 복이 도리어 우리를 망하게 할 수도 있었던 것입니다."[17]

슬픔은 우리의 가식을 벗겨 낸다. 슬픔은 우리가 이성의 실로 꿰매어 놓은 합리화의 올을 하나씩 풀어 버린다. 설교자 스펄전은 이렇게 말한다. "이렇게 넘어지고 쓰러지는 경험을 하게 되면, 우리는 자기 성찰을 하게 됩니다. … 우리가 거주하는 집이 계속 흔들리게 되었을 때, 그 집이 반석 위에 세워진 것이 맞는지 살펴보게 한다는 것입니다."[18]

---

16 위의 책, 184.
17 Charles Spurgeon, "Sweet Stimulants for the Fainting Soul(쇠잔한 영혼을 위한 달콤한 자극제)," *MTP*, Vol. 48, 580.
18 위의 책.

슬픔은 우리의 교만함을 드러내고 뿌리째 뽑아 버린다. 아마도 이렇게 생각해 봄 직하다. 중고품 가게에 가면 "누군가에게는 쓰레기일지 몰라도 누군가에는 보물이요"라는 말을 들을 수 있다. 우리는 종종 예수님의 보물과 예수님이 쓰레기처럼 버리신 것을 혼동한다. 슬픔은 우리가 새로운 것 같지만 별 가치 없는 것에 눈이 멀어 옛 보화에는 얼마나 무관심한지를 여실히 보여 준다. 스펄전은 이렇게 말한다. "우리는 지나친 욕심으로 너무 쉽게 자신을 커 보이게 만들려는 경향이 있습니다. 그러므로 우리를 한두 단계 낮추시는 것은 우리에게 유익합니다. 우리는 때로 스스로를 지나치게 높게 평가하여 너무 높이 올라가는 때가 있는데, 만일 주님이 우리가 누리는 기쁨 중 일부를 빼앗지 않으신다면, 교만함으로 말미암아 철저히 망하고 말 것입니다."[19]

슬픔은 우리에게 서로에 대한 공감을 가르친다. 스펄전은 이렇게 말한다. "우리에게 고난당한 경험이 전무하다면, 다른 사람을 위로하는 데 매우 서툴 수밖에 없습니다. … 어떤 외과 의사가 부러진 다리로 생활하는 고충이 어떤 것인지 안다면, 그 지식은 그에게 이점으로 작용할 것입니다. 그리고 의사는 이후로 환자를 다룰 때 좀 더 부드럽고 세심하게 돌봐줄 것입니다. 환자의 고통을 직접 경험해 보지 못했다면, 훨씬 더 거칠게 대했을지 모릅니다."[20]

---

19 위의 책.
20 위의 책.

슬픔은 작은 친절도 큰 위안으로 다가오게 한다. "형제자매 여러분, 정신적으로 매우 침체되어 있을 때 작지만 친절한 행동 하나가 얼마나 우리의 마음을 고양시키는지 잘 아실 겁니다. … 심지어 아이들의 다정한 눈빛조차도 우울증을 치료하는 데 도움이 될 겁니다. 외로움을 느낄 때는 키우는 개가 자신의 손을 핥아 주고 개로서 가능한 친절을 보여 주는 것조차도 주인에게 큰 위안이 됩니다."[21]

슬픔은 시련에 직면한 이들을 위해서 용기를 발휘하라고 가르친다. "여러분들 중에 소심하고 예민한 분들, 혹시 경험해 보지 않으셨습니까? 어떤 사고를 당했을 때, 그곳에서 가장 용감한 사람이 바로 여러분이 되는 경우가 많다는 것을요. 평소에는 힘없이 두려워 떠는 분들이 그 순간에는 오히려 강력한 힘을 지니게 될 때가 있습니다."[22]

결론에 이르러

슬픔은 추악한 것들로 인해 발생한다. 그러나 예수님은 마치 아이를 입양하시듯, 슬픔을 자신의 품으로 들이신다. 그리고 그것을 자신이 세우신 목적과 계획 속에 들여놓으신다. 심지어 원수까지도 사랑하시는 그분은 우리의 슬픔을 시험대 위에 올려 두시며, 마음을 주시

---

21 Charles Spurgeon, "The Weakened Christ, Strengthened(연약해진 그리스도의 강하게 하심)," *MTP*, Vol. 48 (Ages Digital Library, 1998), 148
22 Charles Spurgeon, "Refusing to Be Comforted(위로받기를 거절함)," *MTP*, Vol. 44 (Ages Digital Library, 1998), 417.

고 필요와 거주할 집을 공급해 주신다. 그분과 함께 살면서 우리의 슬픔은 교화되어 그분의 뜻을 이루는 도구가 된다. 그분 안에서 슬픔은 부정한 소식이지만, 이내 불길한 일들을 뒤엎고 좌절시킨다.

달리 말하면, 우리의 슬픔은 예수님의 것이다. 그것이 어떤 무도한 생각과 설명할 수 없는 원인에서 비롯되었든지 간에, 예수님은 그 모든 슬픔의 주인이시다. 예수님은 자신이 당하신 상처·비방·교묘한 속임수·불공평·신체적 구타·부당한 대우 등을 우리에게 보여 주신다. 그럼에도 그 자리에서 여전히 우리를 사랑하시며, 우리에게 공감의 교제를 요청하신다. 그리고 우리는 그 깊은 곳에서 그분으로부터 나오는 사랑을 받아 누린다.

스펄전은 어떤 목판화 하나를 소중히 여겼다. 목판공은 『천로역정』의 한 장면을 목판화 속에 묘사했는데, 강물에 뒤덮여 그 강 밑으로 빨려드는 주인공 '크리스천'이 공포에 질린 장면이다. 그 그림은 '소망'이라는 크리스천의 동료가 자신의 팔을 뻗어 크리스천의 손을 잡아 끌어올리며 "형제여, 두려워 마시오! 내가 강바닥을 밟고 있소"라고 하는 모습을 보여 준다.

이 목판화를 마음에 깊이 새긴 채 스펄전은 슬픔에 매우 익숙한 사람으로서 자신의 설교를 듣는 이들에게 기쁨으로 선포한다. "바로 이것이야말로 우리 주 예수님이 우리의 시련 속에서 보여 주시는 모습입니다. 그분은 우리에게 팔을 뻗으시며 말씀하십니다. '두려워 말거라! 물속은 깊을지 모르지만, 그 바닥은 안전하단다.'" ²³

여러분은 지금 영적 우울증이라는 형태의 정신적 질병을 겪으며 고통받고 있을지 모릅니다. 모든 것이 짙은 어둠 속에 가려 있고, 마음은 견딜 수 없이 무겁다면 말입니다. … 삶은 안개 자욱한 날들처럼 보이고 하나님의 뜻은 먹구름과 심한 비바람 때문에 보이지 않아 거대한 폭풍 속에 갇힌 것 같을지라도, 영혼은 깊은 슬픔에 잠기고 포도즙 틀 속에 이리저리 밟힌 포도송이처럼 짓이겨진 것 같을지라도, 하나님 곁에 바짝 붙어 있으십시오. 그분에 대한 경외심을 절대 버리지 마십시오. 여러분이 당하는 시련이 제아무리 예외적이요 범상치 않을지라도, 욥이 그랬던 것처럼 이렇게 조용히 읊조리십시오. "주께서 나를 죽이신다 할지라도, 나는 여전히 주님을 신뢰할 것입니다."²⁴

그렇게 읊조리는 소리들 속에서, 사람들에게 잘 들리지도 않고 눈에 띄지도 않는 그 순간들 속에서, 그분의 보물들은 빛을 발한다. 금이 간 항아리 안의 작은 촛불처럼, 작지만 따스하게 빛을 발한다. 깊은

---

23 Eric W. Hayden, *Searchlight on Spurgeon*, 185.
24 Charles Spurgeon, "All the Day Long(종일토록)," *MTP*, Vol. 36 (Ages Digital Library, 1998), 433.

밤바다의 울부짖는 폭풍 속에서 그 깜빡이는 작은 불빛은 값을 매길 수 없이 소중하다. 주님의 빛은 기세를 잃지 않고서 밤을 새워 비추고, 무력한 이들을 지켜보며 새벽까지 내내 보초를 선다. 태양이 떠오르기까지 몇 시간의 어둠이 남아 있을지 모른다. 그러나 이 기다림의 시간 동안, 슬픔 가운데 있는 이들에게는 우리 주님이 함께하신다.